JN411234

눈뜨면
이리도 좋은
세상

장길섭 지음

나마스테

눈 뜨면 이리도 좋은 세상

마음에도 눈이 있습니다.
심봉사는 마음이 봉사라는 말입니다.

심봉사의 딸은 심청이지요.
심청은 마음의 눈이 열렸다는 것입니다.

그런데 살면서 무언가에 부딪치는 것은
자기 눈이 멀어서입니다.
일과 부딪치는 것도
자기 눈이 멀어서입니다.
관계에서 부딪치는 것도
자기 눈이 멀어서입니다.
끝내는 이런 내가 싫다고 혼자 있어도 부딪힙니다.

사람은 듣는 것으로만 살 수가 없습니다.
사람은 자기 눈으로 보아야 합니다.
깨어나야 한다는 말입니다.
듣는 단계에서 보는 단계로의 비약.
우리는 그것을 깨달음이라고 합니다.

거듭남이라고 합니다.
해탈이라고 합니다.
자기의 생각이라는 알에서 깨어 나와야 합니다.
자기 관념에서 나와 직관의 세계로 나와야 합니다.
자기 생각을 통해 보는 것이 아닙니다.
자기 눈으로, 자기 영靈으로 직접 보아야 합니다.

그렇게 눈을 뜨고 보면 이 세상은 너무나 아름답습니다.
보기에 참 좋습니다.

눈을 뜬 사람은 눈을 감을 줄도 압니다.
또한 감아야 할 때 눈을 감아주는 것이
진정으로 눈을 뜬 것이지 않을까요?

눈을 뜨고도 감은 척하는 눈 감기.

눈 뜨면 이리도 좋은 세상
눈 감으면 이리두 편한 세상

저자 장길섭

차례

여행

나의 크리스마스

사람

사람四覽

내가 사람인데 정말 사람이 무엇인가?
사람은 四覽이다.
사람은 사방四方이 열려야 사람이다.

사람은 이미 이 사방을 갖고 있다.
들을 수 있는 귀耳
볼 수 있는 눈目
말할 수 있는 입口
숨쉴 수 있는 코鼻다.
이미 이목구비耳目口鼻를 갖고 있다는 말이다.
그런데 있다고 다 쓰는 것이 아니다.
또 쓴다고 해서
제대로 쓰는 것이 아니다.
이목구비 넷이 있음을 제대로 알아차리고
쓰는 사람이 참 사람이다.

사람에게 이목구비가 있듯이 자연에도 이목구비가 있다.
바로 춘하추동春夏秋冬이다.

그래서 춘하추동을 사는 것이 사람四覽이다.

봄을 보고

여름을 듣고

가을을 말하고

겨울은 쉬어야 사람이다.

봄은 좋고 여름은 싫고

가을은 좋은데 겨울은 싫다는 사람은

사람四覽이 아니다.

이람二覽이라고나 할까.

봄은 봄대로 좋고 가을은 가을대로 좋다.

여름은 여름대로 좋고 겨울은 겨울대로 좋다.

그래서 언제나 보시기에 참 좋다를 산다.

사람四覽이 되어야 사람이다.

어떤 이는 더하기를 좋아하고 곱하기는 더 좋아한다.

빼기를 싫어하고 나누기는 아예 안하려고 한다.

사람四覽은 더할 때 부담 없이 더하고

뺄때 아쉬움 없이 뺀다.

곱할 때는 자신 있게 곱하고

나눌 때는 환하게 나눈다.

그래서 四覽이다.

자연이 춘하추동을 사니까 자연이듯이
사람四覽은 이목구비 넷이 열려
곱하기 빼기 더하기 나누기를 자유자재로 할 때
사람四覽이 되는 것이다.

나무는 다 나무이고 돼지는 다 돼지이지만
사람은 그렇지 못하다.
사람은 다 四覽이 아니다.
사람은 사람이 되어야 사람이다.
예수는 반드시 거듭나야 사람이 된다고 했다.
거듭난다는 말은 뭘까?
생사화복生死禍福을 넘는 것이다.
생은 좋고 사는 싫다가 아니다.
화는 나쁘고 복은 좋은 것이 아니다.
생사화복은 현상이요 흐름이다.
흐름에 따라 살 때 살고 죽을 때 죽는 것이다.
이제 더 이상 살고 죽는 것이 문제가 아니다.
생과 사가 목적이 아닌
이제는 수단이라는 것이다.

복은 받고 화는 입지 않으려고 억지를 쓰는 것이 아니다.
복과 화는 손바닥과 손등이다.
동전의 양면이다.

생사화복, 이 사방을 사는 것이 사람四覽이다.

사람! 내가 사람四覽이라니!

사람이 사람이 되면 사랑이다.

사람은 사랑이다.

일

사람은 일을 해야 사람이 된다.
사람은 본래 일을 하게 되어 있다.
일을 하고 싶어 하는 본성이 있다는 것이다.
일을 하지 않고 사람이 되겠다는 사람은
얼빠진 사람이요
자기 일을 하지 않고 기도해서 성령 받겠다는 것은
넋 나간 사람이다.

하나님이 하나님이신 까닭은
그분이 하나님의 일을 하시기에
하나님이 되시는 것이다.
예수가 그리스도이신 까닭은
그분이 그리스도의 일을 하시기에
그리스도가 되시는 것이다.
그분은 말씀하셨다.
아버지께서 일하시니 내가 어떻게 놀 수 있겠느냐?
그래서 나도 일한다는 것이다.
그렇다.

아버지는 일하시는 분이다.

봄에는 봄이 되셔서 봄의 일을 하시고
가을에는 가을이 되셔서 가을의 일을 하신다.
낮에는 낮이 되셔서 낮의 일을 하시고
밤에는 밤이 되셔서 밤의 일을 하신다.

나는 나다.
어디 내가 나 아닌 적이 한번이라도 있었던가?
알고 나면 내가 나되는 것은 세상에서 가장 쉬운 것이고
또 당연히 그렇게 되는 것이다.
그런데 그것을 깨달았다고 야단인 사람들이 있다.
내가 나되는 것은 구체적이고 사실적이어야 한다.

내가 나되는 것은 일을 통해서다.
일 보다 더 좋은 수련이 없고
일 보다 더 나은 스승이 없다.
일을 통하지 않고 나되는 길은 관념으로 흐르기 쉽고
말에 머무르기가 쉽다.

일 속으로 들어가라.
일의 중심으로 들어가 하나가 되어보라.
내가 곧 일이요 일이 곧 나다.

그럴때 일은 쉽고 재미있고 자연스럽다.
어렵지 않고 힘들지 않다.
누가 시켜서가 아니라 그냥 일하고 싶고
또 일을 하면 기쁘고 신이난다.
자기 일을 갖는 것이 구원이라면 구원이 아닐까?

자기 일, 그것은 하늘이 준다.
천직天職이라는 말이다.
예수도 늘 그러셨다.
당신은 보내신 분이 있고
또 보내신 분이 하라는 일을 하고 있다는 것이다.

자기 일은 나의 소질과 개성이 발휘되는 일이다.
자기 일을 하면 자신에게는 믿음이 생겨 기쁘고
이웃에게는 희망이 일어나 살아나고
하나님께서는 사랑으로 영광이 된다.

지구 방문 중에 자기 일을 가진 사람보다
더 복 받은 사람은 없다.
일 없어 본 사람들의 한결같은 얘기가 있다.
일 없는 고통에 비해 일하는 고통은 우습더라는 것이다.
실직의 고통에 시달리는 이웃이 많다.
실직이 되지 않을까 하며 가슴 조이는 벗들이 많다.

일할 직장이 있음을 감사하고

일할 직책이 있음을 고마워하고

일할 거리가 있음을 기뻐하자.

마하트마 간디도 그랬다.

일은 단지 그 무엇을 만들어 내는 생산에

목적이 있는 것만은 아니라고

일의 과정 과정을 통해

나는 더욱 나되어 가는 하나님의 수련도장이다.

아버지께서는 지금 자기 일로 한창이시다.

사람·삶·사랑

사람이 지구를 방문해서 사실로 들어야 할
기별 하나가 있다.
그것은 하나님께서 나를 사랑하고
너를 사랑하고
우리를 사랑한다는 소식이다.
하나님은 우리를 한 번도 떠난 적이 없고 버린 적이 없다.
바람조차 한 번도 떠난 적이 없는데
어찌 하나님께서 떠날 수가 있겠는가.
그분은 사랑이시기에 함께 있고
사랑하는 것이 본업이다.
그것이 아버지의 일이다.

우리가 무슨 죄를 지었건
어떤 상처가 있고 어떤 잘못을 했는가는
그분과는 상관이 없다.
그분은 우리를 처음부터 끝까지
사랑으로 함께 계신다는 사실이다.
이것을 나의 사실로 믿을 때 하나님께서는

우리에게 구원의 기쁨을 주시고
영생의 축복을 거저 주신다.

여름이 가고 가을이 왜 오나?
그것은 하나님께서 나를 사랑하기 위해서이다.
초록이 지쳐 단풍이 왜 드나?
그것은 하나님께서 너를 사랑하는 방법이다.
바람이 불고 구름이 떠다니고 매미가 노래하고
잠자리가 마당 가득한 것…….
다 하나님께서 우리를 사랑하는 구체적인 표현들이다.
더욱 자기 아들이신 예수를 이 땅에 보내셔서
사람은 본래 죽음이 없는 영원한 생명임을
알려 준 삶이야말로
사랑 중에 사랑이다.

나는 사람이고
예수는 삶이고
하나님은 사랑이다.
마치 애벌레가 뭉치면 고치가 되고
고치가 터지면 나비가 되듯이
사랑이다.
사람이 뭉치면 삶이 되고
삶이 터지면 사랑이 되는 것이다.

사람, 삶, 사랑.
사람인 내가 삶을 살다가 결국은 사랑인 것을
한 번은 알아야 하지 않겠는가.
사랑은 내가 하는 것이 아니다.
사랑이 나를 사는 것이다.
사랑은 전체이고 나는 부분이다.
사랑이 나를 통해 흐르도록 그렇게 살아야 한다.
우리는 그런 삶을 예수 그리스도를 통해 만난다.
이 만남이 바로 삶이다.
삶이 어떠어떠해야 한다고 고정하지 말아야 한다.
삶은 너무 크고 신비해서
인간의 말이나 글로 정의 될 수 있는 것이 결코 아니다.
삶을 신비로 맞이하고 사랑으로 사는 사람에게만
그 비밀과 진실을 드러낸다.

삶은 '지금 여기'다.
지금이 구원받을 만한 때요
여기가 구원의 날이다.
그런데 사람들에게 삶은 '그때 거기'다.
'그때 거기'에 마음이 묶이고 생각이 묶였다.
마음에 묶이고 생각에 빠졌다는 말은
과거나 미래 속으로 들어갔다는 말이다.
삶을 잃어버린 것이다.

죽음이라는 것이다.

지금 여기로 나아오라.
들숨과 날숨으로 나아오라.
들숨에 지금, 날숨에 여기를 붙이고
가만히 그 숨을 알아차려 보라.
들숨에 일어남
날숨에 사라짐
그리고 잠잠히 있어보라.
일어나는 침묵과 관상, 테오리아.
가슴에는 사랑이 일어날 것이다.
머리는 맑고 얼굴은 밝고
행동은 바른 삶이 일어날 것이다.

사람은 살다가 삶을 만나
삶을 배우다가
결국은 사랑이 되는 것.
사람인 내가
삶이신 그리스도를 만나
사랑이신 신이 되는 것.

사람, 삶, 사랑이다.

생명

저녁뉴스를 보다가 벌컥 화를 내거나 한숨지으며
절망을 하는 사람이 있다.
살맛이 없다는 것이다.
세상 종말이 다가왔다는 것이다.
입맛이 없다고도 한다.
그러다 금방 개그 콘서트를 보다가는 배꼽을 빼면서 웃는다.
이제 살맛을 찾은 것이다.
인생이 이렇게 세상에 빠져 세상에 휘둘리어
일희일비一喜一悲할 수만은 없다.

어떤 이는 세월이 빠르다고 하고
어떤 이는 세월이 안 가서 걱정이라고 한다.
세월은 빠른 것도 아니고 느린 것도 아니다.
세월 그 자체에는 세월이 없다.
세월이라 이름 붙인 그것만 있을 뿐이다.

어떤 이는 인생을 의미 있고 가치 있는 것이라고 하고
어떤 이는 다 일장춘몽一場春夢이라고 한다.

인생을 깨치면 그런 인생은 없다.

물 위로 걸어오시는 예수님을 보고
베드로는 자기도 물 위로 걷게 해달라고 한다.
예수님은 베드로에게 걸어오라고 한다.
베드로는 몇 걸음을 걷다가 그만 빠지고 만다.
물위를 걸으시는 예수.
물에 빠지고 마는 베드로.
세상은 바다다.

바람에 물결이 일고 파도가 친다.
잔잔한 파도가 있는가 하면
때로는 거센 광풍에 산 같은 파도가 있다.
그 파도가 무서워 미리 겁에 질려 죽는 이가 있다.
하지만 그 파도를 타는 이가 있다.

인생이라는 바다에
쉼 없이 일어나는 생각과 감정이라는 파도에
그냥 빠져 죽을 수는 없지 않는가.
세상에 살지만 세상에 속하지 않은 삶이 있다.
생로병사生老病死라는 파도가 있는 세상에 살지만
그 생로병사의 파도에 지지 않는 삶이 있다는 것이다.
생로병사에 지지 않는다는 말은 파도를 넘듯이

생로병사를 넘는다는 것이다.

그러면 생生을 어떻게 극복할까.

과학이라는 생각의 배에 오성의 느낌을 타고 넘으면 된다.

늙老는 것은 철학이라는 배에 이성을 태우고 넘으면 된다.

질병病은 예술이라는 배에 감성을 태우고 넘으면 된다.

죽음死은 어떻게 넘을 수 있을까.

종교라는 배에 영성을 가득 채우고 넘으면 된다.

파도를 넘고 타다보면 파도가 없듯이

넘는다는 것은

생生도 없고

노老도 없고

병病도 없고

사死도 없다는 말이다.

있다면 생명만이 있다는 말이다.

생명이 그리운 시절이다.

생명의 기운이, 생명의 약동이 아쉬운 때이다.

올 여름에도 물에 빠져 죽어 가는 사람이 있을 것이다.

어떤 이는 구경만 한다.

어떤 이는 뛰어 들어가 자기도 그만 함께 죽는다.

어떤 이는 죽어 가는 이를 구해오고 자기도 살아온다.

'내가 이를 위하여 이때에 왔나이다'하고

생로병사에 뛰어 들어 넘어서
결국은 그것들이 없음을 보여준 생명의 한 본보기다.
그 생명이 바로 나다.

세상에 빠지고 생각의 파도에 휩쓸려
죽어 가는 이들을 본다.
세상파도에 허우적거리다가 갈 수만은 없는 것이
우리네 인생이지 않을까.
오히려 그렇게 빠져 사는 인생들을 구하는 것이
인생이지 않을까.
그러려면 내가 먼저 물에 빠져서
물에서 나오는 경험이 있어야 한다.
그 경험을 쌓아 기술을 터득해서
물에 빠진 사람들을 구하는 것이
바로 생명으로 사는 것이리라.

생명으로 사는 이들을
생명은 오늘도 찾아다니신다.

설계도

집을 지으려면 먼저 건축주가 집을 지어야겠다는 목표와
그 집을 완성하겠다는 의지가 있어야 한다.
어떤 집을 짓고 싶다는 주인의 분명한 생각이 있어야 한다.
건축주가 그 생각을 건축가에게 말을 하면
건축가는 건축주의 생각을 토대로
스케치를 시작해서 상세도를 그린다.
건축주의 마음을 읽어서 얼마나 잘 표현해 주느냐가
건축가의 실력이다.
건축가를 잘 만나는 것이 자기가 원하는 집을
짓느냐 못 짓느냐 하는 관건이 된다.
집 설계의 가장 요점은 뭐니 뭐니 해도 평면도다.
방과 화장실, 거실과 주방, 서재와 창고 등등을
어떻게 배치하느냐가
두고두고 그 집의 성질과 품위를 결정한다.
한번 불편하게 배치된 방의 위치나 부엌의 위치는
두고두고 후회를 해도 소용이 없다.

인생도 집짓기다.
내가 그 무엇이 된다는 말은 내가 나 되었다는 말이다.
내가 나 된 사람은 멋이 있다.
내가 나가 되어 멋있게 산다는 것은
내가 집을 짓고
집을 쓰며
그 집에서 살게 되었다는 말이다.

음악의 집을 짓고
음악의 집을 쓰는 사람은 음악가다.
영성의 집을 짓고
영성의 집을 쓰는 사람은 영성가다.
교육의 집을 짓고
교육의 집을 쓰는 사람은 교육가다.
사람은 모름지기 집이 있어야 사람이지
집이 없으면 사람이 아니다.

과학의 집
철학의 집
예술의 집
종교의 집

사람은 자기 집을 가져야 독립이 되어

주인으로 떳떳하게 살 수가 있다.

집 없는 서러움을 겪어 본 사람은 알 것이다.
전세든 월세든 주인이 비워 달라고 하면
언제든지 비워 주어야 한다.
내가 원하지 않아도 떠나야 하고
이사하기를 원해도 이사를 하지 못하고
더 살 수 밖에 없는 경우도 있다.

내 인생의 집을 지어야한다.
그러려면 먼저 내가 어떤 삶을 살고 싶은지를
분명히 알아내야한다.
나의 desire 생명력를 아는 길이 그래서 중요하고 중요하다.
나의 소질과 재능을 아는 길이기도 하다.
그것을 알고 사는 것이 최고의 도다.

Desire를 알아냈다면 그에 걸맞는 건축가를 만나라.
그들은 많은 인생의 집을 지어보았고 허물어 본 경험이 있다.
어느 터에 어떤 방향으로 집을 세우고
방과 방을, 부엌과 거실을, 현관과 창고를 어디다 배치하는 것이
효과적이고 능률적이며 조화로운가를 이미 많이 알고 있다.
뿐만 아니라 어떤 색깔의 벽지와 장판이
어울리는지도 알고 있다.

또 어디에 가면 아주 훌륭한 전등과 가구가 있는지도 알고 있다.
좋은 집을 짓는 비결은 어떤 건축가를 만나느냐로
거의 결정이 나듯이
인생도 마찬가지로 어떤 선생님을 만나느냐가
인생의 승과 패를 결정한다.

나는 지금 어떤 집을 짓고 싶어 하는가?
그에 맞는 인생의 설계도를 그리고 있는가?
실력있는 인생의 건축가를 만났는가?

르네상스

깬사람이 철인哲人이다.
철인은 철을 안다.
때를 아는 사람이라는 말이다.
지금이 어느 때인지를 알아
자기가 해야 할 일을 하고
하지 말아야 할 일은 하지 않는 사람이다.

반대로 철부지가 있다.
도대체 지금이 어느 때인지 구분 할 줄을 몰라
좌충우돌하는 사람이다.
자기가 지금 무엇을 해야할지
무엇을 하지 말아야 할지
언제 해야 할지를 모르는 사람이다.

이곳 나 되어감의 세계는 상대세계다.
상대함으로 해서
우리는 여기 나 없이 있음의 절내를
경험할 수 있는 것이다.

관계! 삶은 관계다.

나와 너

나와 자연

나와 하나님

키에르케고르는 관계를 관계하게 하는

관계가 하나님이라 했다.

자연과의 관계가 삶의 중심이었던 시절이 있다.

우리는 그때를 고대 천년이라고 부른다.

신과의 관계가 삶의 중심이었던 시절이 있다.

우리는 그때를 중세 천년이라고 한다.

인간의 관계가 중심이 되고 사람 중심의 때가 있다.

우리는 그때를 근대 천년이라고 한다.

지금은 누가 뭐라 해도 사람 중심의 때다.

과거 역사가 이런 과정을 거쳐 왔듯이

우리 각자의 일생도 이 순서를 밟는다.

이성의 중심이 된 과학 하는 시절이 있다.

종교에 귀의하여 규율과 규칙, 율법에 따르는 삶을 살 수도 있다.

그러면서 그런 종교 제도와 규율, 율법, 도덕을 넘어

이해와 관용과 사랑으로 산다.

사람 중심의 때다.

바울 사도가 말한 율법의 때를 넘어

사랑의 법에 따르는 삶의 수준이라 하겠다.

과거 역사는 지금의 나의 삶과 뗄래야 뗄 수 없는 관계이다.
전생이다.

지금 내 의식의 때는 어느 때인가.
2,000년대를 산다고 하지만
고대 혹은 중세를 살고 있는 것은 아닐까.
여기서 우리가 꼭 상기해야 할 때가 있다.
인간 의식에서 가장 큰 변화인
르네상스라는 문예 부흥기요
종교개혁 시절이다.
인류 의식의 힘찬 도약기였다.

싸움과 갈등으로 지친 고대 말기의 영혼들이
신에게 귀의함으로서 위로를 받고 싶었다.
그 위로는 잠시였다.
신의 이름을 빙자해서 인간의 창조성이 말살되어감을
더 이상 견딜 수 없었다.
내가 누구인지 보고 싶고
네가 누구인지 알고 싶고
삶의 중심이 무엇인지 이해하고 싶은 욕망들이
폭발하기 시작했다.

화가는 그림으로

음악가는 노래로
건축가는 건축으로
문학가는 시와 소설로
종교인들은 신앙고백으로…….
교회와 교황청에서 제정된 규율을 따르는 것이
신의 뜻이 아니라
자기들이 무엇을 하고 싶은지를 알아
행하는 그것이 하나님의 뜻임을
천명하기 시작했던 것이다.

중세 서양 역사에서 일어났던 르네상스와 종교개혁이
내 의식 안에서도 일어나야 한다.
교회 제도와 종교 규율에 매여 살던 중세 천년
아직도 그 중세를 사는 사람이 있다.
지금은 해체주의를 지나 다문화, 다종교 시대다.
포스트모더니즘의 때다.
문화와 영성과 신학과 과학과 철학과 삶이
하나로 통합되는 때다.
여성과 남성의 대립이 끝나고
종교간에 다툼을 넘어
신학과 과학이 결혼하여
한 가족이 되는 때다.
하늘과 자연과 사람.

시간과 공간과 인간이 하나가 되는

통합의 때다.

하늘의 때와 나의 때를 알고 사는 것

아! 얼마나 기쁜 일인가.

철을 알고 사는 것이

얼마나 감사한 일인가.

됨됨

'그 사람 됨됨이가 됐어'
'요즘 되는 일이 없어'
'어, 일되네'
'그 사람 못됐어'
'그 사람 아직 덜 됐어'…….
우리 선조들은 이렇게 사람을 끊임없이
되어가는 존재로 보았다.
된다는 것은 변한다는 것이다.
내가 변할 수 있고 네가 변할 수 있고
그래서 우리가 변하여 그 무엇이 될 수 있다는
가능성의 기회.
사람만이 누리는 축복이 아닐까.

원숭이는 태어날 때 뇌의 완성도가 75%인데 비해
사람은 25% 정도라고 한다.
사람은 만 3살이 되어야 75%가 되고
19살이 되어야 거의 완성이 된다고 한다.
웬만한 짐승들은 1, 2년이면 성장이 끝나지만,

사람의 키는 30세까지 자라고
뼈의 용적 증대는 죽을 때까지 계속 된다고 한다.
정말 사람은 되어가는 존재becoming다.
사람은 되어가는 존재다.
아직 덜 되어 있다는 건
될 가능성이 있는 것이다.
이것이 바로 삶이요
문화요
문명이요
예술이다.

꿀벌은 어떤가.
꿀벌은 처음부터 완벽하게 이미 되어 있기 때문에
발전이라는 것이 없다.
꿀벌은 되어가는 존재가 아니다.
꿀벌은 언제나 육각형의 집밖에는 지을 줄 모른다.
1만 년 전이나 지금이나 어떤 벌이 지어도 집이 똑같다.
변화가 없다.
창작이 없다.

하지만 사람이 짓는 집은 아니다.
기능에 따라 다른 집을 짓고
시대에 따라 다른 집을 만들고

지역에 따라 다른 집이 되어간다.
되어간다는 말은 아직 완전하지 못하다
불완전하다는 것이다.
불완전하다는 것은 완전을 향해
되어갈 수 있다는 것이다.
이 세상에 되어갈 수 있다는 말처럼 좋은 말은 없다.
인간은 불완전하기에 완전한 것처럼 보이는
다른 짐승들보다 발전해 온 것이다.
인간만이 누리는 고통이자 축복이다.

정신도 마찬가지다.
다 되었다면 이제 그만이라는 말이다.
이제 그만이라는 말보다 더 큰 저주의 말이 있을까.
사도 바울도 그랬다.
자기는 다 된 사람이 아니고 되어가는 사람이라고.
그래서 잡힌바 된 그것을 또 잡으려고
오늘도 좇아가고 있노라고 말이다.
그 사람 됨됨이가 되었다는 말은
다 되었다는 말이 아니다.
됨됨이가 되었다는 말은 쉬지 않고
끊임없이 되어가고, 되어가고
되어가고 있다는 말이다.
우리는 이 땅에 되려고 왔고

된 만큼 쓰여 지게 되어있다.
아들, 딸이 되고
어머니가 되고, 아버지가 되고
회사원이 되고, 사장이 되고
후배가 되고, 선배가 되고
후임자가 되고, 선임자가 되고
학생이 되고, 선생이 되고
노인이 되고, 주검이 되고……되고……되고…….
결국은 된 나가
나 되어가는 이 됨됨의 기회
우리는 이를 삶이라 부른다.

이렇게 쉼 없이 되어가는
삶의 위대함과 놀라움에
내가 할 수 있는 것은
찬송과 감사.
나는 오늘도 찬송과 감사 속에서
되어가는 됨됨을 즐긴다.

유산

호랑이는 죽어 가죽을 남기고
사람은 죽어 이름을 남긴다고 한다.
지금 내가 살고 있는 삶은 원하든 원하지 않든 간에
조상으로부터 물려받은 유산의 토대 위에 살고 있다.
물질적이든 정신적이든 간에
유형, 무형의 유산을 상속 받았기에
지금 우리가 사는 삶이 가능한 것이다.

유산은 상속을 받았을 때
나의 것이 되고 우리의 것이 된다.
좋은 후손이라는 것은
조상들이 물려준 재산을 잘 받아 유지하고 발전시켜서
후손에게 물려주는 사람이고 세대이다.
유산은 조상들이 남겨 놓은 재산이다.
그 재산 안에는 소유권이나 채권 등의 권리만 있는 것이 아니다.
채무도 포함한다.
가지고 있는 재산들을 잘 보관하고
받아야 할 것들은 받아야 한다.

반면에 조상들이 진 빚은 내가 갚아야 한다.
포기를 하든 원금만 갚든 어떤 형태로든 갚아야 한다.

가족 안에도 흐르는 유산이 있다.
사회적, 국가적으로 흐르는 유산이 있다.
유산을 감사와 은혜로 상속을 잘 받아 누릴 것은 누리고
갚을 것은 갚는 가족이나 사회, 국가는 번영 한다.
그렇지 않고 유산을 자기가 원하는 만큼이 아니라고
하찮게 여기고 무시하는 개인이나 사회, 국가는
망하게 되어 있다.

이 세상 그 무엇 하나 홀로 있을 수 없다.
수평으로든 수직으로든 우리는 서로 다 연결되어 있다.
이것은 사실이고 진실이고 진정이다.
이렇게 그 무엇이든 상속을 받고
또 상속해 주는 것이
인생이고
자연이고
역사이다.

나와 우리는 무엇을 상속 받았고
무엇을 유산으로 넘겨줄 것인가를
곰곰이 생각해 보아야 하지 않을까?

건강이든, 재산이든, 재능이든, 미모든
받은 것들에 감사하자.
그것의 크기와 유무에 상관없이
유산을 감사하게 상속 받는 사람은
자기 운명을 개척해가는 장부다.
반면에 유산이 적거나 없다고 불평, 불만에 차서
조상들을 업신여기고 무시하는 개인이나 사회, 국가에게
앞날이 열릴 리가 없다.
이것이 우주의 법칙이고
영혼의 질서다.

모르는 사람에게는 팔만대장경도
빨래판이라는 말이 있다.
어디 그 뿐이랴.
모르는 사람은 고려청자도
개밥그릇으로 밖에 사용하지 못한다.
자기 영혼의 가치를 모르고
허망한 것에 낭비하는 이들을 본다.
자기 소질과 재능, 달란트를 모른 채
남의 것이 좋다고 부러워하고 구걸이나 하면서
인생을 허비하는 사람들을 본다.
이런 사람들은 받은 유산의 가치를 모르고
감사가 없이 살았기에

후손에게 남겨 줄 유산도 없다.

사람은 끊임없이 스스로 묻고 물어야 한다.
내가 받은 유산은 무엇이고
나는 그 무엇을 유산으로 남길 것인가를.
사람은 죽어 이름을 남긴다고 했다.
이름은 다름 아닌 삶이다.
자기 이름이란 자기만의 삶이다.
나의 이름과 나의 삶은 무엇일까?

그것은 사람을 변화시키는 일을 하다가
자기도 변화된 삶을 살다간 사람.
이것이 나의 이름이고
이것이 나의 삶이었으면 족하지 않을까.

에덴 탈출

아담은 에덴에서 추방된 것일까
아니면 탈출한 것일까?
만약 아담이 하나님이 먹지 말라는
선악과를 따먹지 않았으면
우리는 지금 어떻게 살고 있을까.
남자는 수고하는 일을 하지 않고 있을 것이고
여자들은 고통없이 애기를 쑥쑥 낳고 있을 것이고
뱀은 기어 다니지 않고 서서 다니고 있을 것이다.
숲이 우거진 곳에서 한평생 동안 열린 열매나 먹다가
흙으로도 돌아가지 못하고
그렇게 살고 있다고 생각해보라.
끔찍하지 않은가.

하나님께서 먹지 말라는 선악과를 따먹은 '아담됨'을
나는 사랑한다.
하라는 것만 하는 사람은 안전은 하지만 창조는 없다.
오늘 이 세상이 이 만큼 아름다운 지구별이 된 것은
하라는 것을 한 사람들의 덕택도 있겠지만

하지 말라는 것을 기어코 해낸
아담의 속성을 닮은 사람들의 덕이지 않을까.

두 아들이 있었다.
첫째는 늘 아버지와 살면서
아버지의 말씀을 어긴 적이 없었다.
꼭 하라는 것만 하고 산 사람이다.
둘째는 형과 달랐다.
아버지를 떠나 자기가 하고 싶은 것을 찾아 해보고 싶었다.
가능한 한 아버지를 멀리 떠나
거기서 해보고 싶은 것을 다 해보았다.
하지만 자기 삶이 자기 마음대로 되는 것이 아님을
비로소 깨닫는다.

아버지께로 돌아가면 먹을 것이 있는데…….
둘째 아들은 용기를 내어 아버지께로 돌아온다.
아버지는 둘째를 반갑게 맞이해주고 잔치를 베푼다.
이것을 본 첫째는 불평을 한다.
"평생 아버지와 함께 있는 나를 위해서는
한 번도 이런 잔치를 베풀어 주지 않으시더니
집 나가 타락하고 아버지의 말씀을 어기고 살아온
녀석을 위해서는 이 엄청난 잔치를 베풀어 주시다니요.
저 억울해 못 살겠습니다."

아버지는 말씀한다.
"내 것이 다 네 것이 아니더냐.
저 놈은 죽었다가 살아오지 않았느냐"고.

삶의 신비를 이보다 더 정확하게 표현한 얘기가 있을까 싶다.
하나님이 만들어 준 에덴을 탈출하고 나오는
아담의 용기
아버지의 영향력을 벗어나
자기 세계를 살아보는 둘째 아들의
모험정신이 있어
오늘의 인류 문화는 있는 것이리라.
아담은 에덴에서 추방된 것이 아니다.
정말 아니다.
에덴 탈출이다.
하나님께서는 자기 말을 어기신
아담을 저주한 것이 아니다.
그것은 축복이다.
아버지 말만 듣고 그 안에서 사는 것은
자기를 사는 것이 아니라
아버지를 사는 것이다.
대리로 사는 대리인생이다.

자기만의 독특한 소질과 재능, 소리와 색깔

모양과 걸음을 갖고 왔는데
아버지든 어머니든 하나님이든 세상이든 그들의 말만 듣고
그대로 살고 가겠는가.
아니다. 정말 아니다.
그렇게 아니다 하고 아버지를 떠나보고
하나님께서 하지 말라는 것을 하고
하나님의 한계인 에덴을 탈출한 아담의 피가
내 안에 흐르고 있음을 느낄 때
내 가슴이 뛴다.
나는 가슴 뛰는 삶을 살고 싶다.
나는 매일매일 에덴을 탈출하고 탈출하여
얼굴에 땀이 흐르는 삶을 살 것이다.

다른 사람

나와 다른 사람이 있을까.
사람이라면 나와 다 같지 않을까.
다른 사람도 나와 같이 생각하고, 느끼고, 사랑하고
어떤 것을 가지고 싶어 하고 때로는 의심하고
두려움에 떨 것이다.

사람이라면 누구나 한때는 나와 같은 아이였다.
어머니의 젖을 빨고 똥오줌을 싸며
응애응애 하고 울던 아이였다.
사람은 모두 나와 같은 유년기가 있었고
소년기가 있었으며
청년기, 장년기, 중년기, 노년기를 거쳐
죽음을 맞이하게 된다.
다른 사람도 나와 같이 배가 고프면 먹고 싶고
잠이 오면 자고 싶고
남자면 여자와 살고 싶고
여자면 남자와 살고 싶을 것이다.
다른 사람도 나와 같이 살아남기 위해서 싸우고

가지기 위해서 노력하면서 때로는 거짓말도 하고 화도 낸다.
이는 모세도, 예수도, 이순신도 그러할 것이다.
이런 면에서 우리는 다른 사람이 아니다.
우리는 서로 다 똑같다.
다른 사람은 없다.
우리는 다른 사람이 아니라
같은 나임을 알아야 한다.
이것이 깨달음이라면 깨달음이지 않을까.

예수도 그러했다.
이웃에게 한 것이 바로 나에게 한 것이라고.
이런 '이웃과 나' 하나라는 동등함 속에서
우리는 서로 협력한다.
서로의 장점으로 서로의 약점을 보완하며
서로를 잘 되게 한다.
돈이 있는 사람은 돈으로
힘이 있는 사람이면 힘으로
기술이 있는 사람은 기술로
지식이 있는 사람이면 지식으로
서로를 잘 되게 하려고 애쓰고 애쓴다.
서로가 나로 피어나도록 돕고 돕는
좋은 이웃이 되어 사는 삶이
하늘나라의 삶이 아니고 무엇이겠는가.

우리는 종종 이런 개인임을 잊고 살 때가 있다.
가족의 일원으로, 회사의 일원으로
종교와 이념의 일원으로, 민족의 일원으로 만난다.
이때 우리는 정말 서로 다른 사람이 된다.
다른 사람이 아닌 나와 '틀린' 사람이 되고 만다.
이때 우리는 서로 의심하고 두려워하고
불신하고 다투고 싸운다.
이때 다른 사람은 없고 가족만 있다.
이때 나 라는 개인은 없고 회사만 있다.
이때 나 라는 개인은 없고 종교와 이념과 국가만 있다.
이런 경우 사람들은 비인간적이 되어 추악해지고 잔인해진다.
악마라면 이것이 악마이지 않을까 싶다.
악마는 이때 가해자이면서 피해자이다.
개인은 이때 피해자이면서 또한 가해자가 된다.

나도 어느 경우에는 가해자였고
어느 경우에는 피해자였음을 시인할 때
회사도 되고 악마도 될 수 있음을 알아차릴 때
우리는 비로소 겸손하게 되어
큰 생명에 고개를 숙이게 된다.
나는 다른 사람이 될 수가 없다.
나와 다른 사람은 없다.
다 나다.

사차원

로마 사람들에게는 0零이 없었다.
그래서 작은 수에서 큰 수를 빼지를 못했다고 하니
얼마나 답답했을까.
아라비아 사람들을 만나서 그들은 0이 있음을 배웠고
뺄 수도 있다는 세계를 알았을 때
얼마나 자유로울 수 있었을까.
구름 너머에는 언제나 맑은 하늘이 있듯이
죽음 너머에도 삶이 있음을 사실로서 알았을 때
비로소 인간은 인간다워지는 것이 아닐까.

2차원 의식을 가진 개미들 앞에 어떤 돌덩어리가 있었다.
그 돌덩어리를 사람들이 치워주자 개미들은
그것이 없어졌다고 한다고 한다.
또 그것은 사실이라고 한단다.
3차원 공간의식에 사는 사람들이
그것은 없어진 것이 아니라 위로 떴다고 해도
내 사전에는 공중에 떴다는 말은 절대 없다고 하면서
더 이상 미친 소리 말라고 한단다.

삶은 어떤 의식을 사느냐로 결정이 된다.
역사의식도 있고, 사회의식도 있다.
민주의식도 있고, 독재의식도 있으며
가부장적 의식도 있고, 페미니즘 의식도 있다.
그런 생각차원의 수평적 차원 의식만 있는 것은 아니다.

점을 0차원
선을 1차원
면을 2차원
공간을 3차원이라고 한다.
3차원 공간에 시간을 곱하면 4차원 세계가 열린다.
4차원 세계는 어떤 말이나 그림으로 나타낼 수가 없다.
생각으로는 안된다.
생각이 끝나는 깨달음.
각覺으로나 알아차릴 수 있는 세계다.

매초 2g의 가속도가 더해졌을 때 우주선 속의 10년은
지상의 2만년에 해당한다고 한다.
만일 빛의 속도보다 더 빨리 달린다면
시간은 바로 영원으로 변한다.
바울은 2차원 의식인 옳고 그름의 율법이라는
경험세계에 갇혀 사는 로마인들에게
당당히 십자가의 도를 전한다.

이성의 3차원에서 방황하는 희랍인들에게는
그리스도 부활의 생명을 증거한다.

십자가의 도와 부활의 생명은 4차원의 영적 세계다.
바울은 모든 육체의 일을 벗고
땅의 애착에서 해방될 것을 증거한다.
하늘나라는 공간 차원에서 보이는 그런 나라가 아니다.
천국은 이성과 경험을 초월할 때
나타나는 영의 세계요 신비의 나라다.
생각 너머 직관으로 가는 빛의 세계다.

예수는 한 사마리아 여성에게서
어디서 예배를 드려야 되느냐는 질문을 받는다.
예수는 이 산도 아니고 저 예루살렘도 아니라고 한다.
장소가 아니다.
시간이 아니다.
예배는 신령과 진정으로 드려야 한다고 한다.
신령은 영이니 공간을 초월한다.
진정은 진리이니 시간을 초월한다.
예배는 어느 장소, 시간에 매이는 것이 아니라
시공간을 초월하는 것이 핵심이다.
공간이라는 3차원 의식을 너머
공간에 시간을 곱한 시간과 공간을 초월한 의식

바로 그리스도의 영을 가진 사람이 그리스도인이다.

그리스도인은 그리스도로 옷을 입는다.

물음

사는 것이 왜 답답할까?
이미 답을 갖고 있기 때문이다.
이미 내려진 답에 따라
삶을 맞추려고 하기 때문에 답답한 것이 아닐까?
옳다, 그르다.
좋다, 나쁘다.
괜찮다, 괜찮지 않다.
삶은 이런 식의 답 달기가 결코 아니다.
삶은 한 두 마디로 아니 몇권의 책으로도
답을 달 수 없는 신비 중의 신비다.

삶은 물음이다.
태초에 물음이 있었다.
물음이 하나님과 함께 있었으니
물음이 곧 하나님이다.
하나님께서는 답을 주시는 분이 아니라
오히려 물어 주시는 분이다.
'아담아, 너는 어디에 있느냐?'

'가인아, 그것이 화가 날 일이냐?'
하고 물어 주시는 분이다.

그리스도로 오신 예수도 답을 주러 오신 분이 아니다.
물어 주신다.
'네가 찾고 있는 것이 뭐냐?'
'내가 너를 위해 무엇을 해주랴?'
'길 가다가 무슨 일로 다투었느냐?'
'무엇이 좀 보이느냐?'
…….

삶은 답을 따라 맞추는 ○, ×가 아니라
물음 따라 보고, 듣고, 느끼는 여행이요 신비다.
삶은 한 두 마디로 답을 달기에는
너무나 깊고 넓고 오묘하다.
물음까지가 그 사람이라는 말이 있다.
물음이 있어야 탐구가 있고
탐구가 있어야 성장을 한다.
삶도 사랑도 성장이 그칠 때 답답하고 지루하다.
물음이 그치면 탐구가 사라지고
탐구하는 생활이 사라지면
놀람도 감격도 감동도 멀어진다.

어린아이들은 물음이 많다.
'살림마을 밤은 왜 깜깜해요?'
'이곳의 빗소리는 왜 이렇게 커요?'
'이곳 시골은 누가 만들었어요?' 등등.
그러니 돌이켜 어린애가 되어야겠다.
천국은 물음이 있는 어린애의 것이지
답이 있는 어른의 것이 아니다.

물음에 꼭 답을 달 필요는 없다.
답을 단들 무엇하겠는가.
현인들은 그냥 물음 속에서 살았다.
물어 오고 물어 주는 물음 가운데서
빛을 보고 길을 찾았던 것이다.

물음을 잃은 것은 멈췄다는 것이고
멈춤은 죽음이다.
이미 답을 가졌으니
노래가 흘러나와도 춤을 추지 못하고
곡을 하는 데도 함께 울지 못한다.
놀람과 신비, 감동을 잃은 채
무감각의 삶이 되어 버린 것이다.
무감각, 무감동보다 더 끔찍한 병이 있을까.

삶은 답을 달아야 할 문제가 아니라
느껴야 할 신비요 감동이다.
신비와 감동은 물음 속에 있다.
물음을 회복해야겠다.
물음을 잃은 우리 교회가 물음을 찾아야겠다.
예배 속에 물음이 들어와야겠다.
물음이 없는 사람에게는 가르치지 말라는
성인들의 가르침도 있지 않은가.
새로운 종교개혁은 물음을 회복하는데서 시작된다.
선생님은 답을 주시는 분이 아니다.
선생님은 오히려 물어 주시는 분이다.
물어 주는 선생님의 선생님이
바로 그리스도요 하나님이시다.

태초에 물음이 있었다.
물음이 나와 함께 있었다.
내가 곧 물음이다.
내가 있어서 묻는 것이 아니다.
물음이 있어서 내가 있는 것이다.
물음을 가진 사람은 복이 있다.

압력

씨앗은 심고 흙으로 눌러 주어야 싹이 돋는다.
밥은 솥뚜껑을 덮고서 불을 때야 되고
떡도 시루를 단단히 눌러주고 곳곳을 막고서
압력에 압력을 받아야 된다.
딱딱한 씨앗이 새 생명의 새싹이 되고
쌀쌀한 쌀이 푹 익은 밥이 된다.
가루가 떡이 되는데는 압력이 필수다.
압력을 받지 않고서는
싹이 나올 수 없고
밥이 될 수 없고
떡이 될 수가 없다.
충분한 압력을 받지 못한 새싹은
비바람을 견딜 수 없고
제대로 압력을 받지 않은 쌀과 가루는
밥과 떡이 되지 못하고
선 밥, 선 떡이 되고 만다.

압력은 다른 말로 하면 열이다.

열을 받아야 한다.

고온 고압. 압력과 열을 받지 않고 변화되는 길은 없다.

900℃에서 구운 흙은 토기다.

1,100℃에서 구워 나온 흙은 도기다.

그러나 1,300℃의 고온 고압을 견뎌 나온 흙은 자기가 된다.

자기는 소리가 맑고 빛깔이 곱다.

품위가 있다.

스스로 빛을 내는 금강석은

나무가 변해서 된 것이다.

나무나 석탄이나 금강석의 구성원소는

같은 탄소다.

그 탄소의 구성 배열과 밀도에 따라

나무가 되고

석탄이 되고

금강석이 되는 것이다.

나무가 흙 속에 들어가

고온 고압을 견디면 어느 날 석탄이 된다.

또 이 석탄이 엄청난 압력과 온도 속에서

수천만년의 세월을 견뎌 변화된 것이

다이아몬드, 금강석인 것이다.

스스로 영롱한 빛을 발한다는 금강석은

그냥 땅에서 솟거나 하늘에서

우연히 떨어지는 것이 아니다.
나무와 석탄이 변해서 되는 것이다.
변하게 하는 비결은 압력과 온도와 시간이다.
견딜 수 없는 압력과
적당한 온도와
충분한 시간을 겪은 후에야
비로소 금강석이 되는 것이다.

작은 압력을 견디지 못하고
덮은 흙을 뚫지 못하는 씨앗은
그냥 새 생명의 새싹이 되지 못하고
영원히 씨앗으로 남아
결국은 죽고 만다.
충분히 열을 받고 견딜 수 없는 압력을 견디면서
끓고 끓어야 드디어 쌀이 변하여 밥이 되고
밀가루가 변하여 떡이 된다.

그리스도의 삶은 그냥 우연히 생기는 것이 아니다.
예수도 견딜 수 없는 압력을 받으셨다.
예수께서 광야에 나가 40일을 기도하셨다는 것은
견딜 수 없는 압력 속으로
스스로를 밀어 넣었다는 것이다.
사람은 열을 받아 기가 막혀 봐야 한다.

숨이 막히고 머리가 터지고
가슴이 찢어질 것 같은 고통을 겪어봐야 한다.
이런 압력 없이 사람 되는 길은 없다.
하나님께서는 사랑하는 사람을
손이 아닌 발로 사랑하신다고 한다.
하나님께서는 일본이라는 수단으로
우리나라를 36년 동안 이리 차고 저리 차고 해서
견딜 수 없는 압력 속으로 밀어 넣었다.
무지에서 빛으로 나아오고
의존에서 독립으로 서서
자유의 나라로 나아오도록 그렇게 발로 차신 것이다.

충분한 온도, 적당한 압력 없이는 변화는 없다.
스스로 광야로 나아가 압력을 받는 것이 기도요
열을 받는 것이 일이다.
이런 하나님의 사랑과 대한민국의 자각에서
나온 것이 3.1독립선언이다.
이 민족이 깨어 나오는 첫소리다.
이 첫소리가 있어 오늘의 내가 있고 우리 나라가 있다.
이 첫소리를 접촉하는 것이 기도요
접촉한 첫소리를 말씀으로 변화시키는 것이 일이다.

밤에는 기도하고

낮에는 일하는 것

그것이 사는 것이다.

답

사는 것이 왜 답답할까?

답답하게 사는 사람들을 보면 이미 인생의 답을 갖고 있다.

이미 자기가 갖고 있는 그 답에

지금 일어나는 삶이 맞지 않아 답답한 것이다.

자기 답에 사람의 태도를 맞추려하고

자연의 변화를 맞추려하고

하나님의 섭리까지 맞추려한다.

용케도 자기 답에 맞으면 맞다고 좋아하고

맞지 않으면 틀리다고 싫어한다.

삶을 맞고 틀림으로

매사를 옳고 그름으로 산다.

○ 아니면 × 다.

하지만 삶의 부호는 ○과 ×만 있는 것이 아니다.

세모도 있고 마름모도 있다.

타원도 있고 원뿔도 있다.

왜 이렇게 답에다 맞추는 인생이 되었을까.

물음을 잊어서다.

물음이 없는 인생은 멈춘 인생이다.
멈춘 인생은 타락하는 인생이다.
물음이 없다는 것은 변화가 없다는 것이고
변화가 없다는 것은 썩어 가는 인생이요
죽은 인생이지 않을까.

무엇을 묻느냐가 인생이다.
어떤 물음을 갖고 사느냐가
내 삶의 가치를 결정한다.
모세는 물음을 물은 사람이다.
'내가 여기 있는데 그 나 있음을 알게 하는 분은
무엇이란 말인가?'
하는 그 물음이 있었기에
미디안 광야 떨기나무 앞에서의 체험이 일어난 것이다.
바울도 물음을 가졌던 사람이다.
유대인들의 맞고 틀림을 따지는
이분법적인 율법차원의 삶을 넘어서
더 높은 차원의 삶에 대해 묻고 또 물었던 사람이다.
그 물음이 있었기에 드디어 다메섹 도상에서
선악의 이분법적 사고를 넘고
죽음의 공간세계를 넘는 십자가 경험을 하는 것이다.

사람은 물음을 가져야한다.

물음이 크면 클수록 좋고 깊으면 깊을수록 좋다.
우리는 한 때 다 물음을 가졌었다.
그런데 어느새 우리는 그 물음을 잊어버리고
무의식중에 형성된 답들을 갖게 되었다.
이미 내가 갖고 있는 답에 이웃을 맞추려하고
자연을 맞추려한다.
심지어는 하나님까지 맞추려한다.
답답한 인생이다.
물음을 잊고 멍청하게 답답하게 사는 사람들에게
끊임없이 물어주는 이가 있다.
선생님이다.
화학 선생님은 화학 문제를
이렇게도 물어보고 저렇게도 물어보면서
그 물음을 통해 화학의 세계를 경험시킨다.
결국 선생님은 학생으로 하여금
화학은 쉽고 재미있는 것이라며 미소짓게 한다.
결국 그 학생도 화학을 가르치는 선생님이 된다.
이것이 인생이다.

아이들은 오늘도 묻는다.
'이게 뭐야?'
'왜 그래?'
아이들은 답이 없다.

그래서 답답하게 살지 않는다.
예수님은 너희가 돌이켜 어린아이와 같지 않으면
천국에 들어갈 수가 없다고 하셨다.
물음을 가진 사람만이 천국을 살 수 있다는 말이다.
아이들은 만나는 사람마다 새롭게 보고
만나는 자연마다 호기심으로 본다.
호기심과 신비로 본다는 것은 물음으로 본다는 것이다.
이미 알고 있는 자기 답인 생각으로 보지 않고
모르는 것으로 본다는 것이다.
답이 아닌 물음으로 보는 아이들의 얼굴을 보라.
그들의 눈을 보고 손을 보라.
그리고 입에서 나오는 그들만의 감격과 함성을 들어 보라.
'아빠, 이게 뭐야?'
'왜 그래?'

삶에는 답이 없다.
답이 없다는 것이 삶의 답이다.
답이 아닌 물음을 통해 해석하는 능력을 키워 보라.
삶의 번역능력을 키워 보라.
삶은 신비와 놀라움과 감사와 고마움이 된다.

카이로스

세상에서 제일 쉬운 일이 있다.
미루는 것이다.
내일 하겠다느니 다음에 하겠다느니 하고
미루는 것이다.
미루는 일처럼 쉬운 일은 없다.
미루는 것이 습관이 되어 있다.
그러나 누구도 미룰 수 없는 일이 있다.
어떤 힘으로도, 어떤 기술로도, 어떤 권력으로도
어떤 학문으로도 미룰 수 없는 일이 있다.
죽음이다.

죽음은 누구도 미룰 수가 없다.
죽음은 지금이고 여기다.
미루는 것이 편리해서 습관화된 사람들에게
죽음은 무서운 것이다.
죽음은 정말 한 치도 미루어 주지 않고
누구에게도 연기나 지체가 없다.
죽음은 지금 여기서 겪어야만 하는 삶 중의 삶이다.

미루는 일은 쉽다. 정말 쉽다.
쉬운 길을 택했기에 대가가 있다.
후회라는 커다란 대가다.
삶은 미루는 인간들의 얄팍한 꾀에 속는듯하지만 결코 아니다.
죽음을 누구도 속일 수 없듯이 삶도 누구도 속일 수 없다.
삶은 정확한 보상을 해 준다.
미루는 사람에게는 후회와 원망이라는 보상을 준다.
삶을 미루지 않고 지금 하는 사람에게는
구원이라는 선물을 준다.
지금이 바로 은혜 받을 만한 때요
여기가 구원의 날이다.
지금이다.
이곳 여기다.

예수께서 2,000년 전에 골고다에서 지신 십자가 사건은
역사적 사건 기록이다.
그 기록을 믿는다고 내 죄가 없어지고 구원을 입는 것이 아니다.
신앙은 그런 것이 아니다.
믿음 세계란 그런 역사적 사건을 믿는 것이 아니라
시간을 넘어 2,000여 년 전이 아닌 지금
골고다 언덕에서가 아닌
내 삶이 현장이라는 여기에서
내가 십자가를 져야 한다.

그래야 내가 구원받지 않겠는가.
예수는 구원받았다.
우리가 걱정하지 않아도 된다.
우리가 믿어주지 않아도 그분은 구원 받으셨고
부활하셨고 삶의 주인으로 사셨다.
우리가 믿어야 예수가 구원받는 것이 아니다.
내가 구원 받아야하지 않겠는가.
내가 구원을 받은 후에야
비로소 예수의 구원도 알 수 있지 않을까.

지금 누려야 할 행복을 미루고 미룬 세계가
죽어서 간다는 천국이다.
수많은 사람들의 투사의 종합에 불과하다.
그런 천국은 사람의 생각 속에 있는 것이다.
삶 속에 하늘나라가 있다.
삶은 지금 여기에서만 만나고 경험할 수 있는 신비다.
'아브라함아, 아브라함아, 너는 지금 어디 있느냐?'
'예, 제가 지금 여기 있습니다.'
나는 지금 한다.
영생은 지금이다.
부활의 삶은 여기다.
지금 하면 후회가 없다.
지금 하면 걱정이 없다.

지금 안하고 내일로 미루고

누구에게 미룰 때 말이 많다.

말이 많다는 것은 믿음이 없고 걱정이 많은 것이다.

걱정이 많다는 것은 생각에 휘둘리고 있다는 것이다.

생각을 끊고 두려움을 넘는 길은

내가 지금 하는 것이다.

지금 하는 사람에게는 각종 구원이라는 선물이 보장된다.

미루는 사람에게 삶은 후회와 원망이라는

정확한 대가를 치른다.

하나님께서는 오늘도

자기 친구들을 찾고 계시고

삶을 미루지 않고 지금 하는 이들과 친구가 된다.

그런 친구들과 함께 일하신다.

가치

세상이 변한다고 한다.
그러나 세상은 변하지 않았다. 세상은 예나 지금이나 그대로다.
변한 것은 가치다.
사람이 변했다고들 한다. 배신 했다고 야단이다.
그 사람은 그대로다.
변한 것이 있다면 그 사람의 가치다.

사람마다 물건을 살때나 사람을 사귈때
자기 가치 판단에 따라 결정을 한다.
알아차리든 못 알아차리든 내면에는
이미 재는 기준이 있다는 것이다.
재는 기준, 자기 가치 체계가 어떠냐가
바로 자기 삶이 된다.

옛날에는 땅이나 물건을 측량할 수 없었다.
측량할 수 있는 기구가 없었기 때문이다.
진나라때 컴퍼스인 규規와 자인 측測을 만들게 되었다.
바로 규와 칙이 생긴 것이다.

규칙이 생기자 땅의 넓이와 길이를 잴 수 있었던 것이다.
가치가 자연히 생겨나게 된다.

행복은 바로 가치 실현에서 나온다.
사람마다 더 느끼고 싶은 감정이 있고
피하고 싶은 감정이 있다.
더 느끼고 싶은 감정에 따라
가치를 체계 있게 정립한 사람이 있다.
이런 사람은 가치관이 세워졌기 때문에
삶이 혼란스럽지 않고 분명하며
더 높은 가치를 추구 하면서
가치 있는 삶을 실천해 나아간다.
반면에 피하고 싶은 감정에 따라
설정된 가치를 실현 하려는 사람은
몸이 수축되고 가치가 실현되지 않으니
삶이 우울하고 스스로 살 가치가 없다고 좌절한다.

예수 믿고 구원 받았다는 것이 뭐 별것이겠는가.
내가 실현하고 싶은 가치를 발견하고
그 가치 우선순위를 세웠다는 것이 아니겠는가.
이런 사람을 우리는 하늘과 통합된 삶이라고 한다.
예수께서 광야에 나가 시험을 받았다는 것은 다름이 아니라
바로 가치 우선순위를 놓고 스스로 싸우고 싸웠다는 것이다.

광야 시험이 끝났다는 것은 이 싸움이 끝나고
가치관이 정립 되었다는 것이다.

사람은 가치 있게 취급 받고 싶어 하는 본능이 있다.
그런데 자기 가치가 무엇이고 얼마인 줄을 모르고
하찮게 여기는 사람이 있다.
무슨 일이 더 가치 있는 줄을 모르고
가치 없는 사소한 일에 목숨을 거는 사람이 있다.
가까이 해야 할 사람을 멀리하고
멀리해야 할 사람을 가까이 한다.
실패하는 사람들의 비밀이다.

눈이 열렸다는 것은
무엇이 더 높은 가치가 있는 줄을 보는 것이다.
귀가 열렸다는 것은
무엇이 더 높은 가치가 있는 말인가를 듣는 것이다.
입이 열렸다는 것은
어떤 가르침이 더 높은 가치인가를 말할 줄 안다는 것이다.
더 높은 가치를 추구하는 사람이 결국은 승리한다.
더 높은 가치를 실현하는 회사가 살아남는다.
더 높은 가치를 전하는 나라와 민족이 번영을 한다.
세상은 더 높은 가치의 천사를 찾아
오늘도 하늘문을 향하여 진화하고 있다.

삶의 예술

베토벤의 운명을 들으면 가슴이 뛴다.
고흐의 자화상을 보면 고개가 끄덕여진다.
김대성의 석굴암 앞에 서면 미소가 지어진다.
이집트의 피라미드와 스핑크스 앞에 서면 입이 벌어진다.
그야말로 예술이다.

예술은 사람의 감정을 동하게 하여 기쁨을 주고
생각을 더하게 하여 희망을 일으키고
몸을 동하게 하여 아름다움을 지어낸다.
설악의 천불동 계곡을 보고 감탄을 한다.
돈황의 월아천을 보고 탄성을 지어낸다.
백두산의 천지를 보고 숙연해 한다.
동해바다 일출에 힘이 생기고
서해의 일몰에 고요를 느낀다.
나타난 모든 것들이 다 예술이다.

예술은 사람 속에 잠재해 있던 온갖 느낌과 생각들을
알아차리게 해준다.

어떤 그림은 내 안에 있는 그리움을 그려 주고
어떤 음악은 내 안에 있는 실연의 슬픔을 노래해 주고
어떤 조각품은 내 안에 있는 꿈을 조각해 놓았다.
어떤 건축물은 내 안에 신비를 세워 놓았다.
예술이다.
씨앗이 꽃으로 피어나고
애벌레가 나비가 되는 것
정말 예술이다.

예술은 사람에게 감동을 준다.
사람은 어찌하든지 감동 속에 있어야 한다.
태초에 감동이 있었다.
감동이 하나님과 함께 있었으니
감동이 곧 하나님과 함께 하는 만남이다.
감동 없이 어찌 산에 오르고 감동 없이 어찌 바다에 가겠는가.
그러할진대 감동이 없는 삶을 산다는 것은
형벌 중의 형벌이 아닐까.

삶은 먹고 살기 위한 수단이 아니다.
삶을 살기 위해서 우리는 먹기도 하고 마시기도 하는 것이다.
어떤 이는 삶을 아름답게 가꾸기 위해
먹는 것을 금하고 마시는 것을 절제한다.
삶은 예술이다.

명품 명작은 그냥 저절로 생겨나는 그 무엇이 결코 아니다.
모든 명품·명작은 분명한 주제가 있고 소재가 새롭다.
명작·명품을 창조해낸 예술가들을 살펴보면
그들은 선생님을 찾고 찾는다.
연습에 연습을 거듭하고
수련에 수련을 거듭한다.
그 끝에 장한나가 나오고 고흐가 태어나며
가우디가 만들어지는 것이리라.

하나님을 만난다는 것은
창조성을 만나서 자율을 산다는 것이다.
바울이 그러했고 장기려가 그러했다.
달마가 그러했으며 플라톤이 그러했다.
이들은 삶을 아름답고 거룩한 작품으로 산 사람들이다.
다시 말하면 삶의 예술가들이다.

예수는 어떤 분이실까.
붓다, 노자는 과연 어떤 분이셨을까.
우리와 다른 성정을 갖고 태어났을까.
우리가 없는 그 어떤 신체기관을 더 갖고 계신 분이셨을까.
그것은 결코 아니다.
오히려 지금의 우리보다 어떤 면에서 학식이 적었고
신체적으로는 튼튼하지도 못하지 않았을까.

그분들은 삶을 가꾸신 분이다.
일상을 거룩한 예술로 승화하신 분들이다.
매일 일상의 삶을
예술의 경지로 끌어올리신 삶의 예술가들이시다.

예술이 있어 예술가가 나오는 것이 아니다.
예술가가 있어 예술을 낳는 것이다.
우리는 모두 삶의 예술가들이다.
주제를 찾고 소재를 모아 명작을 내야하지 않겠는가.
낙서하듯이 살 수 없고 장난치듯이
흘릴 수 없는 인생이지 않던가.
예수가 이제 나에게는 종교인으로서의 모습보다는
삶의 예술가로 나타난다.

삶의 예술가 예수
삶의 예술가 붓다
삶의 예술가 소크라테스
지구별은 이미 삶의 예술가들로 가득하다.
나도 나만이 창조할 수 있는 삶의 예술이 있지 않을까.
삶을 예술로 가꾸기 위해 생각에 생각을 하고
몸으로 해보고 또 해보자.
우리는 이미 삶의 예술가다.

어머니

어머니

어머니가 지나간 자리는 깨끗하다.
깨끗을 넘어 광택이 난다.
아이들이 지나간 자리는 언제나 지저분하고 어수선하다.
아이들은 치우는 일을 싫어하고
힘든 일을 하지 않으려고 한다.
아이들만이 아니다.
어른이 되어서도 치우는 일을 싫어하고
힘든 일을 피하고 고통을 겪지 않으려고 한다.
하지만 치우는 일을 좋아하고
고통을 사랑하는 사람이 있다.
어머니다.
어머니는 자식 사랑에 괴로움 속에서도 일을 하고
남편 사랑에 피곤한데도 방을 치우고
가족 사랑에 짜증이 나지만 밥을 한다.
자식들을 향한 어머니의 사랑은
그 어떤 괴로움도 피곤함도 고통도 어떻게 할 수 없다.

이 땅에는 이런 어머니의 마음을 갖고 산 사람들이 있다.

다들 놀기를 좋아하고 즐거운 것을 찾고 쉽게만 살려고 할 때
일 하기를 좋아하고 괴로움을 찾아 어렵게 산
어른誠人들이 있다.
예수요, 석가요, 공자다.
예수는 보내신 이의 일을 '예' 하고 하셨다.
석가는 사람이 왜 고통을 겪고 사는 것일까를 찾다가
결국 그 괴로움을 넘는 길을 여셨다.
공자는 사람이 되는 데는 고난을 겪어야 한다고
몸소 고난을 사셨다.

가족이 가정이 되기 위해서는
치우고 닦는 어머니가 있어야 한다.
회사가 살기 위해서는 놀 때 일하고
싫은 일을 해내는 회사의 어머니가 있어야 한다.
나라꼴이 되기 위해서는
나라의 힘든 일을 하고 괴로움을 짊어지는
나라의 어머니가 있어야 한다.
어머니가 없는 가정은 쓸쓸하다.
어머니가 없는 회사는 싸늘하다.
어머니가 없는 나라는 썰렁하다.
쓸쓸한 가정에서 아이들이 행복하게 자랄 수 없다.
싸늘한 회사에서 창조성이 개발 될 리가 없다.
썰렁한 나라에서 애국심이 솟아 날 리가 없다.

가정은 가정대로, 사회는 사회대로, 나라는 나라대로
어머니의 손길이
어머니의 마음이 절실히 필요한 때다.

묵묵히 방을 치우고 마루를 닦던
우리 어머니의 모습이
나에게는 생명이다.
생명은 먹고 마시는 데에 있지 않다.
그것은 목숨이다.
사람은 먹고 마시는 목숨을 넘어서야 한다.
먹고, 자라고, 마시고, 커야 한다.
생명은 먹고 자라 커서 힘든 일을 해내고
마시고 커서 고통을 견디어 낸다.
사람은 생명이다.

어머니는 생명을 낳는 생명이다.
힘드신데 어떻게 그 일을 하시느냐고 하면
이 세상에 어디 힘들지 않은 일이 있겠느냐고 하시면서
일을 나가시는 어머니의 모습이
나에게는 길이다.
"아프신데 그만 쉬시지요" 하면 "나의 일인데 누가 해주겠냐"며
호미 들고 밭으로 나가시던 어머니의 모습이
나에게는 진리다.

피곤하고 고단해도 내 식구 누가 먹이겠느냐고 하시면서
부엌으로 밥 지으러 나가시던 어머니의 모습이
나에게는 생명이다.

어머니가 지나간 자리는 깨끗하다.
어머니가 앉은 자리는 자취가 없다.
깨끗해서 자취가 없고
자취가 없어 깨끗한 삶
어머니의 삶이다.

어머니.

산

산은 살아 있어서 산이다.
살아 있다는 말은 변한다는 말이다.
산은 살아서 변신에 변신을 한다.
그래서 산이다.
봄이 오면 산은 봄산이 되고
가을이 오면 산은 가을산이 된다.
눈이 오면 산은 눈을 맞고
비가 내리면 산은 비를 맞는다.

산은 살아 있어서 산이다.
살아있다는 말은 사랑한다는 말이다.
사랑은 죄인에게나 성인에게나 똑같이 비를 주시고
기독교인에게나 불교인에게나 똑같이 햇빛을 주신다.
전라도 사람도 경상도 사람도 산은 구별 없이
누구나를 반긴다.
북한산은 서울 산이라고 서울 사람만을 반기고
계룡산은 대전 산이 아니고 충청도 산이라고 해서
대전 사람을 밀치지 않는다.

산은 우뚝 서 있어 또한 산이다.
서 있어서 오르는 이에게 발판이 되어
산 너머를 보게 한다.
산은 이쁜 이가 따로 없고 미운 놈이 따로 없다.
산에 들어오는 이마다 반겨준다.
숨어 들어오는 사람은 숨겨주고
사랑을 안고 들어오는 이는 사랑 해준다.
뜻을 품고 들어오는 이에게는 뜻을 품게 해주고
외로워 찾아 온 이에게는 친구가 되어준다.
물 길러 온 이에게는 물을 주고
나무를 하러 온 이에게는 나무를 준다.
산은 그렇게 변하며 사랑하면서 우뚝 서서 살아있다.
나는 그런 산이고 싶다.

인자요산仁者樂山이라고 했던가.
율곡은 열아홉에 금강산에 들어가면서 내가 금강산에 들어감은
내 안에 금강산을 만나기 위함이라고 했단다.
내가 산이 되고 싶은 것은 내 안에 이미 산이 있어서다.
산을 찾아 결국 산과 같이 되는 것이 인생이다.
이때 만나는 산이 비로소 진짜 산이고
이 산을 오를 때만이 사람은 산다 할 수 있다.
이런 산을 만나기 위해서는 산에 들어가야 한다.
들어가도 깊게 들어가고

올라도 끝까지 올라야 한다.
그런 산은 깊이 들어갈수록 산이 아니고
높이 오를수록 산은 산이 아니다.
산이 아닌 언덕을 오르고 산이 아닌 바위를 타며
오르고 오를 때에 비로소 산 그대로의
산을 만날 수 있다.

예수께서 무리를 보시고 산에 올라가 앉으셨다.
이미 산이신 예수가 산에 올라가 앉으신 것이다.
그 앉은 자태가 진짜 산이다.
예수께서 하는 말씀이 살아 있는 산이다.
그 산이 입을 열어 가르친다.
심령이 가난한자는 복이 있다.
마음이 깨끗한 사람은 복이 있다.
산은 언제나 가난하고 깨끗이다.
산은 이 깨끗을 깨끗케 하려고 오늘도 바람으로 머리를 빗고
물로 얼굴을 씻는다.
깨끗한 산은 깨끗하여 이제는 내 얼굴을 비춰주고
내 손을 씻어준다.
나도 언제나 그렇게 살아있어 깨끗한 산이고 싶다.

봄

봄이 와서 꽃이 피는 것이 아니다.
꽃이 피어 봄이 되는 것이다.
봄이 와서 꽃이 피는 것은 자연이다.
그렇게 오는 봄은 나의 봄이 아니다.
나의 봄은 내 안에 꽃을 피워
봄이 되게 하여야 한다.
오는 봄이 아닌 되는 봄.
내 안에 꽃을 피워 봄이 되게 하는 것이 인생이다.
그런 인생은 자연을 한번은 넘어야 한다.
자연을 넘으려면 자연을 알아야 한다.
스스로 그러함을 알아
그 스스로 그러함을 내 안에 심고
가꾸고 키워 꽃 한번 만개 시켜 보아야 하지 않겠는가.

봄을 기다리고만 있을 수는 없다.
꽃을 피워 봄을 오게 하여야 한다.
맹자는 성인군자가 다스리는 태평세월을
기다리고만 있을 수 없었다.

교육을 해서 성인군자를 키워
태평세월을 오게 하자고 했다.
죽어서 가는 천국은 나의 천국이 아니다.
앞으로 올 자연의 죽음이 오기 전에 내가 미리 죽어
그 천국을 이 땅에 오게 하자는 것이
십자가의 도요 나의 믿음이다.

봄이 와서 꽃이 피는 것이 아니다.
꽃이 피어 봄이 온다.
내가 예수를 믿어 천국에 가는 것이 아니다.
예수로 하여금 나를 믿게 하여
천국은 오게 되는 것이다.
하나님께서는 나를 믿고 사랑하셔서
이 세상을 살라고 주셨다.
인생은 살라는 것이다.
살라는 것은 하고 싶은 것을 하라는 것이다.
하고 싶은 것은 이미 소질 속에 들어 있고
재능 속에 나타나 있다.
소질을 알고 재능을 살려 하고 싶은 것을 하는 것이
하나님의 뜻이요
아들을 향한 아버지의 기도다.
인생을 불평하고 원망하고 싸우라고 준 것은 정말 아니다.

봄이 와서 장미가 핀 것이 아니다.
지금 장미는 한창 꽃을 피워 봄을 오게 하고 있다.
장미의 봄이다.
장미의 인생이다.
봄이 와서 뻐꾸기가 노래하는 것이 아니다.
지금 뻐꾸기는 자기 노래를 하여
자기 봄을 오게 하고 있다.
뻐꾸기의 봄이다.
뻐꾸기의 인생이다.

들에 핀 꽃들을 보라.
공중에 나는 새들을 보라.
이 봄見이 나의 인생을 인도하게 하라.
그런 사람은 늘봄이다.
봄에는 꽃이 있다.
밖에 핀 꽃이 아닌 안에 핀 꽃.
나의 소질의 꽃을 피우고 재능의 새를 날게 하라.
소질의 꽃을 피우는 것이 부활이요
재능의 새를 날게 하는 것이 생명이다.
나는 부활이요 생명이다.

꽃을 보기 위해 봄을 기다리는 사람들이 있다.
이들은 언제나 빈 하늘만 보면서 기다리고 준비한다.

결국 자기 봄 한번 맞이하지 못하고
준비하고 기다리면서 원망하다가 간다.
불쌍한 인생이다.
그러나 그렇게 오는 봄을 기다리지 않고
하얀 겨울 속에서도 빨주노초파남보의 무지개 빛으로
꽃을 피우는 사람들이 있다.
진짜 자연을 넘어 인생을 사는 사람이다.
자연을 넘어 자유가 된 사람이다.
사실을 넘어 진실, 진정이 된 사람이다.
먼저 본 사람이다. 선각자다.
우리는 그 분들 덕에 오늘을 살고 있다.
그 은혜를 기억하고 그 은혜에 보답하며 사는 인생.
얼마나 알음다운가.

몸

몸은 모임이다.
모든 것이 모여 있어 몸이다.
몸은 물과 불과 바람과 흙과 공기가 모여 있는 모임이다.
몸은 하늘의 머리와 땅의 배와
인간의 가슴이 모여 있는 모임이다.
1년이 365일이라서 몸의 체온은 36.5℃이다.
5대양 6대주라서 몸도 오장육부이다.
사시사철이라서 몸은 사지이다.
한 몸에 온 우주가 다 모여 있다.
몸은 모임이라서
원래부터 우주와 아주 밀접한 유기적인 관계를 갖고 있다.
그 무엇 하나 따로 있을 수 없고
관계하지 않고는 살 수가 없다.
바울은 우리 모두를 그리스도 안에서 한 몸으로 보았고
지체의식으로 삶을 설명했던 것이다.

어느 날 나는 아주 우연히 나름대로 회심의 미소를 지으며
대각을 했다고 스스로 자위를 했던 적이 있다.

성교육의 태교테마를 준비하면서
정자와 난자가 수정을 해서 출산할 때까지
과정 과정을 유심히 보았다.
그런데 놀랍게도 지구 진화과정 전체가
자궁 안에서 10달 동안 일어나고 있는 것이 아닌가.
아메바류에서 시작해서
파충류, 양서류, 포유류 형태를 취하고 있는 것이었다.
자궁 안에서 일어나는 10달 동안의 모습들은
바로 생명의 역사 35억년을 축소한 것이 틀림없었다.
아하! 그렇구나.
나의 몸이 그렇구나.
이 몸이 이렇게 모여 있는 신비자체이구나.
35억년 생명의 역사 전체가
이 몸과 함께 하고 있다는 통찰이 일어났을 때의 그 순간을
나는 잊지 못한다.
이런 기억이 있어 내가 있고
나의 삶이 있는 것이다.
이런 삶이 있어 인생의 영원성을 경험하는 것이리라.

플라톤은 몸을 영혼의 감옥이라고 보았다.
반대로 푸코는 영혼을 몸의 감옥이라고 역설을 토해낸다.
아리스토텔레스는 몸을 영혼의 형상으로 본다.
근본적으로 몸과 영혼은 분리된 것이 아니다.

하나로 통일되어 있으면서
질료와 형상의 관계를 맺고 있다는 것이다.
몸이 더욱 현실화 되면 될수록
더욱더 영혼이 잘 드러나게 된다는 것이다.
몸따로 영혼따로가 아니다.
바다와 파도가 분리될 수 없고
흙과 나무가 떨어져 있을 수가 없다.
몸은 보이는 영혼이다.
영혼은 보이지 않는 몸이다.

하나님께서는 지금 이 순간에도
내 몸 속에 코를 통해서 생기를
하늘영혼을 불어넣고 계신다.
나는 살아있는 영이 된다.
살아있는 영, 생령이 된다는 것은
몸과 마음이 하나가 된다는 것이다.
몸과 마음을 하나되게 연결해주는 연결점에 잠시 머물러 본다.
들숨과 날숨이 오가는 코에
소리가 들리는 귀에
맛을 알아차리는 입에
보이는 눈에
와 닿는 손과 발에
그때 일어나는 생각과 느낌에…….

그런 몸을 느껴본다. 그런 느낌을 생각해 본다.
그런 느낌과 생각을 몸으로 움직여 본다.
삶이다.
인생이다.

몸은 우주의 역사가 보관되어 있는
거룩하고 거룩한 성전이다.
모여 있어 몸이다.
그런 몸을 통해 우주를 만나고 영혼을 만난다.
몸은 보이는 영혼이다.

하루

아침에 눈을 뜨면 성경을 본다.
낮에는 아침에 본 것을 전하고
나누는 일인 전도를 한다.
오후에는 전도를 받아 깨어나
기뻐하는 이웃들과 함께 찬송을 한다.
밤에는 각자가 자기자리로 돌아가
하루를 주신 하나님께 감사의 기도를 한다.
인생은 이렇게 하루를 산다.
1년을 살아도, 10년을 살아도, 평생을 살아도
하루를 살고 하루를 살게 되어있다.
몰라도 그런 하루를 살고
알아도 그런 하루를 산다.
무지랭이도 사는 것이 이런 하루요
깨닫고 산다는 이도 이런 하루를 산다.
하루다.
하루 속에 인생이 다 들어있다.

어느날 인생을 문제로 보는 눈이 열린다.

사는 것生이 문제고

앓는 것病이 문제고

늙는 것老이 문제고

죽는 것死이 문제다.

누구나, 언제나, 어디서나, 사람이라면 겪어야할 문제다.

사람은 문제 앞에 서면 두렵고 작아진다.

숨고 피한다.

그러는 한은 문제는 풀지 못하고

결국은 문제를 안고 평생을 산다.

어떤 이들은 문제를 만나는 날부터

말 할 수 없는 고민에 고민을 한다.

마침내는 문제가 그 사람을 산다.

문제의식을 갖고 죄의식을 갖기 시작하는 것

사람됨의 시작이리라.

그러다 어느날 문제 하나 하나를 줄여가기 시작한다.

또 그런 문제를 풀 수 있는 하나님의 비밀이

우리 안에 있음을 발견하고

스스로에 취해 스스로의 삶에 감동한다.

삶의 예술가가 된 것이다.

먹고 입고 사는 문제는 우리 안에 있는 오성을 통해서

과학세계를 만나 해결한다.

늙음의 문제는 우리 안에 있는 이성을 통해

철학세계를 만나 해결한다.
질병의 문제는 우리 안에 있는 감성을 통해
예술세계를 만나 해결한다.
죽음의 문제는 우리 안에 있는 영성을 통해서
종교세계를 만나 해결한다.

문제는 풀고 살아야한다.
문제는 풀리게 되어 있다.
답이 있으니 문제가 있다.
그 문제를 푸는 만큼이 내 삶의 넓이요, 길이요, 높이다.
문제를 푸는 길은 선생님을 만나는 것이다.
인생의 봄인 20대에는
나의 오성세계를 열게 해주는
과학 선생님을 만나야 한다.
인생의 여름인 40대에는
나의 이성세계를 열게 해주는
철학 선생님을 만나야 한다.
인생의 가을인 60대에는
나의 영성세계를 열게 해주는
종교 선생님을 만나야 한다.
인생의 겨울인 80대에는
감성세계를 열게 해주는
예술 선생님을 만나야 한다.

오성과 이성과 영성과 감성으로 된 사람인 내가
삶의 선생인 철학과 과학과 종교와 예술을 만나서
결국은 신인 사랑이 되는 것이다.
사람, 삶, 사랑.

그렇게 사람이 신이 되는 길이 하루 속에 있다는 것이다.
아침에 오성세계를 여는
20대의 과학이 있고
낮에 이성세계를 여는
40대의 철학이 있고
오후에 영성세계를 여는
60대의 종교의 때가 있고
저녁에 감성세계를 여는
80대의 예술의 때가 있다.

하루 속에 춘하추동의 일년이 들어 있고
유년기, 청년기, 중년기, 노년기의 일생이 들어있고
영원이 들어있다.
하루속에…….

새 해

새 해, 새 천년이다.
그러나 새 해, 새 천년은 지구 그 어디에도 없다.
사람들의 마음 속에만 있다.
달력이 바뀌고 숫자가 바뀐다고 해서
그것이 새 해요 새 천년이겠는가.
지구인들이 해보는 하나의 이벤트다.
해는 더 낡아가고 있어
오히려 어제보다 오늘이 더 헌 해요 헌 지구다.
강릉이 진짜 동쪽이니
지금의 정동진이 진짜 동쪽이니 다툰다고 한다.
어디가 동쪽이고 어디가 서쪽이던가.
다 인간들의 머리 속에나 있는 환상들이다.
독도에서 뜨는 해를 맞으러 갈까
정동진에서 뜨는 해를 맞으러 갈까 야단들이다.

호주의 어느 섬에서 뜨는 해가 지구에 처음 비치는 해라고 한다.
해는 뜬 적도 없고 진 적도 없다. 이것은 사실이다.
이런 사실을 과학적으로 규명하여 알게 된 지

500여 년이 넘었건만
지구인들의 집단 무의식에는 여전히 해가 뜨고 진다고 한다.
지구가 돌아 또 해가 보인다고 하지 않는다.
뜨는 해와 지는 해가 있다고 생각세계에 있는 한
그것은 아직은 진정한 삶이라고 할 수 없다.
해가 뜨고 진다고 하는 것은 시간이 있다는 것이다.
시간이 있다는 것은 시작이 있고 끝이 있다는 것
바로 탄생과 죽음이 있다는 것이다.
죽음이 있는데 어디 그것이 진정한 삶이라고 할 수 있겠는가.

사람이 지구별에 온 것은
이것이냐 저것이냐의 죽음과 탄생이 있다는
상대세계를 경험하고
그것을 넘어 이것도 저것도 모두의 절대세계가 있음을
알아차리기 위함이다.
다시 태어나기 위해 온 것이다.
다시 태어나려면 뜨는 해가 아닌 영원한 해
지는 해가 아닌 살아 있는 해를 만나야 한다.
그 해를 만나는 것이 새 해요 새 천년이다.

모세는 광야 가시떨기 나무 앞에서 그 새 해를 만난다.
스스로 있어 있음을 있게 하는 분인 야훼를 만난다.
즉 지금 여기 나 없이 있음을 경험한다.

자기가 영원한 생명, 지구의 중심
진짜 동쪽임을 알게 되는 것이다.
바울은 다마스커스 길 위에서 그 새 해를 만난다.
그 빛 속에서 지금껏 자기라고 알았던
생각으로의 바울은 사라지고
사실로서 있음인 자기 안에 있는 그리스도를 발견한다.

육체를 통해 눈으로 들어오는 해는 새 해가 아니다.
육체를 넘어 내 영을 비추는 해가 새 해다.
이 새 해는 언제, 어디서, 누구에게나 새 빛이다.
이 새 빛은 정신을 새롭게 하고 태도를 변화시킨다.
그래서 아버지께서 하시는 일이 무엇인가를 찾아
자기도 일을 한다.
아버지께서 일하시니 나도 일하는 것이다.
자기 일을 하는 사람은 언제나 새 해요 어디나 새 천년이다.
새 해
새 사람
새 천년.
뜬 적이 없어 질 수 없는 영원한 태양이신 그리스도가
자기 안에 태어난 날
크리스마스!
새 해요
새 천년이다.

낮 12시

낮 12시에 사마리아 여자 하나가 물을 길러 나왔다.
왜 하필 오전 11시도 아니고 오후 1시도 아닌
낮 12시 일까?
낮 12시는 정오다.
정오는 그림자가 없는 유일한 시간이다.
그림자가 없다는 말은 죄가 없다는 말이요
욕심이 사라졌다는 말이요
근심과 걱정과 불안이 없다는 말이다.
사마리아 여자가 낮 12시에 물을 길러 나왔다는 말은
바로 그런 말이다.

이 세상에 그림자가 없는 사람이 하나라도 있을까?
그런데 다행히도 누구나 그림자가 없는 시간을
가질 수 있다는 것이다.
태양이 머리 중심에 있을 때 바로 그림자가 없다.
누구나 깨어 있기만 하다면 정오를 만날 수 있는 것이다.
낮 12시
정오를 만난다는 말은

바로 하나님을 머리 중심에 둔다는 말이다.
하나님을 머리 중심에 두기만 하면
내 그림자는 감쪽같이 사라지는 은총을 맛보게 되어 있다.
그림자라고 하는 죄와 허물 그것을 어떻게 벗어날 수 있을까?
앞으로 달려가도 그림자는 쫓아온다.
산으로 들로 도망을 쳐봐도 그림자는 달라붙는다.
멈추어 서면 함께 멈추고 뛰면 또 달라붙어
도대체 떨어질 줄 모르는 그림자라는 죄와 허물
불안과 근심과 걱정.

그림자는 내가 그 무엇을 한다해서 없어지는 것이 아니다.
오직 태양을 만나 내 머리 중심에 둘 때
비로소 그림자 없는 삶을 살 수 있는 것이다.
은총 중의 은총이다.
죄는 기억 속에서나 있으니
과거가 사라지지 않는 한 죄는 있다.
과거의 투사가 또 미래가 되니
미래의 불안으로부터도 과거의 기억이 있는 한
자유로울 수는 없다.
앞을 봐도 뒤를 둘러 봐도 그림자다.
과거의 기억과 미래의 기대로부터 자유로운 삶
즉 그림자 없는 삶은
머리 중심에 태양을 이고 살 때만 비로소 살 수 있는 것이다.

사람으로 와서 꼭 해야 할 일이 있다면
낮 12시. 정오를 만나는 것이다.
사람을 상대하고 세상을 상대하는 한
그림자로부터 자유로울 수 없다.
오직 하나님만을 상대하고
그 하나님을 머리 중심에 두고 나아갈 때
비로소 그림자 없이 나의 가야 할 길을 갈 수 있는 것이다.
오늘도 태양이신 예수는
길을 가시다가 지쳐 우물가에 앉아 기다리고 계신다.
낮 12시, 정오에 물을 길러 나오는 한 사람을.

가을

새가 날 수 있는 것은 날개만 있어서가 아니다.
목적이 있어서다.
물고기가 헤엄치는 것도 지느러미가 있어서만은 아니다.
날고 헤엄치는 데는 목적이 있다.
무엇이든지 그 나름대로 목적과 이유가 있다.
하나님께서 그냥 보낸 것은 아무것도 없다.
그분께서 보내신 것은 다 목적이 있다.
연출자가 배우를 무대에 올리는데
목적없이 올리는 사람이 어디 있겠는가.
하물며 하나님이야 바람이 부는 대로 물결이 치는 대로
그냥 떠도는 옳다는 인생이 아니다.
우리는 목적지에 도착하기 위해 떠도는 바람을 거슬리고
물결을 헤쳐 나가야할 때가 있을 것이다.

가을은 그냥 오는 것이 아니다.
준비한 사람에게만 가을은 주어진다.
자연의 가을은 가을이 아니다.
생각의 가을도 가을이 아니다.

키에르케고르는 인생을

미적 실존, 윤리적 실존, 종교적 실존의 3단계로 보았다.

미적 실존은 자연 밖에 선 인생이다.

윤리적 실존은 인간 앞에 선 인생이다.

종교적 실존은 하나님 앞에 선 인생이다.

사람은 결국 하나님 앞에서 결정이 된다.

미적 실존이라는 애벌레 시기도 필요하다.

윤리적이라는 번데기의 시기도 중요하다.

하지만 종교적 실존이라는 나비의 시대처럼 중요한 것은 없다.

나비는 애벌레의 목적이기 때문이다.

나비는 자유다.

독립이다.

통일이다.

결실이다.

바울사도는 말했다.

자기는 그리스도를 아는 지식이 가장 고상하기 때문에

그동안 알았던 모든 것을 똥으로 여겼다는 것이다.

이는 생의 목적을 잡았다는 말이다.

생명을 가졌다는 말이다.

자연의 가을인 미적 실존으로의 삶이 아니다.

생각의 가을인 윤리적 실존으로서의 삶도 아니다.

하나님 앞에 선 나의 가을인 종교적 실존으로서의 삶을

발견했다는 말이다.
바울은 크리스마스에는 별로 관심이 없었다.
그것은 누구에게나 있는 자연이다.
십자가에도 열심히 붙어 보았지만
그것도 이 세상에 온 사람이라면 누구나 다 겪는 일이었다.

바울은 부활의 생명이 목적이었다.
바울은 드디어 그것을 붙잡았던 것이다.
언 땅을 갈아 엎고 흙을 깨고 부수어 씨앗을 뿌리고
바람과 비와 햇빛과 들짐승과 새들을 넘어선
농부에게만 가을은 있다.
이렇게 가을이 와서 거둘 것이 있는 사람은 행복하다.
그러나 가을이 왔는데도 거둘 것이 없는 농부는 어찌하랴.
앞산 뒷산에 있는 가을만 가을이 아니다.
이웃집 농장에 있는 가을이 내 가을 일 수 없다.
내 논밭에 있는 가을이 진짜 내 가을이다.

단 맛

올 해 감은 단단하지 못하고 단맛도 적다.
여름 장마가 길어 햇빛을 충분히 받지 못해서 그렇다고 한다.
감알의 단맛은 떫은맛이 차고 넘쳐서 되는 것인데
햇빛이 충분치 못하다보니 떫은맛이 덜했던 것이다.
감알의 단맛은 저절로 하늘에서 떨어지거나
그냥 땅에서 솟는 것이 아니다.
단맛은 떫은맛이 변하여 되는 맛이다.
떫은맛이 꽉 찼을 때 변화는 일어나는 것이다.
양이 차야 질적 변화는 오듯이
이 땅에 죄가 꽉 차있을 때 예수가 나오고
어둠이 꽉 찼을 때 부처는 나오는 것이다.

인생도 믿음의 단맛을 보기까지는 불안의 떫은맛을 봐야 한다.
소망의 단맛을 보기까지는 절망의 시린 맛도 보아야 한다.
사랑의 단맛을 보기까지는 두려움의 아린 맛을 봐야 한다.
떫고, 시리고, 아린 맛이 찼을 때 변화가 일어나
그 안에서 믿음과 소망과 사랑의 단맛이 솟아나는 것이다.
떫고, 시리고, 아린 고난을 겪지 않고

믿음, 소망, 사랑의 단맛을 보겠다는 것은 마귀의 속임이다.
인생이 그럴 수 없고 자연이 그럴 수가 없다.
떫은맛의 십자가를 거치지 않고
단맛의 부활을 살 수가 없다는 것이 예수의 가르침이다.
푸르딩딩한 죄수의 옷을 입어보지 않고서는
빛나는 주황빛깔의 부활의 옷을 입을 수 없다는 것이
바울의 전도 내용이다.

감이 빨갛게 익어 단맛을 내게 하는 것은
여름의 뜨거운 햇빛이듯이
인생을 진선미성의 인생이 되게 하여
믿음, 소망, 사랑의 사람 맛을 내게 하는 것은
바로 떫은맛을 보게 한 불안이요
시린맛을 보게 한 절망이요
아린맛을 보게 한 두려움이다.
그러니 이런 맛들을 보고 느끼게 하는 사람들과
친구하고 스승으로 삼아야
결국 나의 참 맛인 단맛을 보게 되는 것이다.

단맛 중의 단맛
최고의 단맛은 뭐니 뭐니 해도 깨어나는 것이다.
깨어나면 보이게 되고 알 수 있다.
다 좋다.

모든 것이 아름답고 고마울 뿐이다.

깨어나려면 만나야 한다.
달걀이 어미 닭을 만나기까지는 깰 수가 없다.
아무리 스스로 노력하고 수련하고
불철주야 정진한다 해도 안된다.
그것이 자연의 이치요 인생의 원리이다.
어미닭만 만나면 그냥 저절로 깨어나는 것이다.
인생의 단맛인 영생은
바로 어미닭인 선생님을 만나는 것이
인생의 비결중의 비결이다.
선생중의 선생인 예수 그리스도를 만난 것
그 보다 더 큰 복이 있을까?

인생의 단맛은 깊이 숨겨져 있다.
그 숨겨져 있는 단맛을 끌어내 주는 것이 영성이다.
내 안에 숨어있는 영생을 영생하도록
솟아나는 샘물인 단맛 안에서
솟아나는 이 단물에 취하게 하고
그 단물이 불신을 적셔서 믿음으로
절망을 녹여 소망으로
두려움을 감싸 사랑의 세계를 이루자는 것이
진짜로 사는 사람들의 기도와 노래이지 않은가.

떫은맛이 떨어지다 보니
익어도 단맛이 덜하고 단단치도 못해 결국은 쉬거나 곯아
그냥 떨어지는 감알이 수두룩하다.
곯아 떨어진 감들이 마당을 더럽히고 있다.

감 알

수련장 마당 한 가운데 있는 감나무에 감알이 빨갛다.
잎이 다 떨어지고 빨간 감알이 주렁주렁 매달려
햇빛에 빛나고 있다.
그 밑에 어린아이들이 더 익은 감알을 찾고 있다.
감알이 익고, 밤알이 익고, 대추가 익고
사과가 익고, 벼가 익고, 수수가 익고…….
익고, 익고, 익고 있다.

가을은 익는 계절이다.
익었다는 말은 성숙했다는 말이다.
이제 다 이루었다는 말이다.
이제 나는 나로서 다 이루었으니 먹어 달라는 말이다.
먹히고 싶다는 말이다.
먹히고 싶어 자기 빛깔을 빨갛게 띠고 있는 감알
떫은맛이 단맛으로 바뀌고 풋냄새가 향기로 변화하여
하늘에 매달려 있는 해처럼
감알도 그렇게 빨갛게 매달려 있다.
햇빛에 물들인 감알들은 더욱 빛난다.

그렇게 보고 있노라면
하늘의 해가 감나무에 열린 것이 감알이 아닌가 싶을 정도다.

익어야겠다.
익은 감, 익은 밤, 익은 사과. 익어야 과일이듯이
사람도 익어야 사람이다.
사랑의 단물이 가득하고
지혜의 빛이 가득한 감알처럼
그렇게 익어야겠다.
익은 사람이 그리스도이다.
육체의 익음을 성장이라면
정신의 익음은 성숙이다.
감이 해를 보고 햇빛을 받다가 결국 작은 해가 되어
해처럼 닮은 감알이 되었듯이
나도 태양이신 예수를 바라보고 햇빛의 숨님을 받아
나도 그리스도로 익어야겠다.
그냥 풋과일인 채로 떨어질 수 없다.
바람을 견디고, 서리를 견디고
병충해의 시련들을 견디고 견뎌
익은 저 감알처럼 나도 나 아닌 것들을 견뎌 익어야겠다.

익는 비결은 견디는 것이다.
바람 하나, 햇빛 하나, 이슬 하나 어느 것 하나도

내 원대로 빼거나 더할 수가 없다.
바람은 바람으로 햇빛은 햇빛으로
병충해는 병충해로 견디어 낼 때만
감은 익은 빨간 감알이 되어 하늘에 달릴 수 있는 것이다.

그래 지금 이 순간은 이래야 할 순간이다.
내 원대로 되는 것이 아니고 되지 않는 것이
오히려 은혜라지 않았던가.
생生은 좋고 사死는 나쁜 것이 아니다.
그렇다고 건강은 축복이고 병은 저주도 아니다.
건강은 건강으로 좋고 병은 병으로 좋다.
'보시니 참 좋았다'한 일체 다 좋음의 세계.
견디는 것이다.
견뎌 파란 하늘에 달리는 저 감알처럼
하늘에 달리는 저 아름다움, 거룩이다.

나는 다 이루었다고 십자가에 매달리신 예수처럼
수련장 감나무도 다 견디고 다 이루어 놓고完成
익어 먹히기를 기다리고 있다.
익은 감알. 익은 밤, 익은 사과, 익은 사회, 익은 교회, 익은 나
가을은 성숙의 계절이다.
하나님 나라는 익은 나라이다.
익는 비결은 견디는 것이다.

등산

예수께서 산에 오르셨다.
입을 여셨다. 그리고 가르치셨다.
내가 예수의 가르침을 받을 수 있는 길은 하나다.
나도 예수께서 오르신 그 산에 올라야 하고
입을 여는 것을 잘 보아야 하고
가르치시는 말씀을 제대로 들을 수 있어야 한다.

사람은 한번 산에 올라가 보아야 한다.
산에 올라가지 않으면 전체를 볼 수 없다.
전체를 보지 못하면 인생의 방향을 잡을 수 없다.
인생의 방향을 모르고 간다고 생각해 보라.
얼마나 불안하고 황당하겠는가.
끔찍하지 않은가.
산은 멀리서 보면 아름답고 신비해서
모두가 한번은 올라 보고 싶어 많은 이들이 입산을 한다.
일단 산 속에 들어가 보면
바깥에서 보던 그 아름답고 신비한 맛과 멋은 없어지고
보이는 것은 바위와 나무, 오르막 길 뿐이다.

다리는 무겁고 허리는 쑤시고 어깨는 빠지는 것 같다.
땀은 줄줄 흐르고 숨은 차다.
산이 산이 아니다.
시원한 나무 그늘을 찾아 자리를 펴고 놀거나 잠을 잔다.
물을 찾아 도시락을 먹는다.
올라야 할 산을 구경만 한다.
올라갔다 내려오는 사람들의 말만 듣고서
자기도 정상을 본 것 마냥 착각을 한다.

어떤 이들은 무거운 다리를 끌고 아픈 허리를 받쳐가며
흐르는 땀을 수건 삼아 가쁜 숨을 몰아쉬며
한 걸음 한 걸음 올라간다.
숨이 차고 죽을 지경이다.
결국은 정상에 오른다.
산은 역시 산이다.
전체가 보인다.
방향을 알 수가 있고 선 자리가 어딘지를 안다.
지나 온 길이 보인다.
선 자리를 알고 방향을 아니 갈 길을 안다.
살 가치를 느끼고 의미를 발견한다.
일상과 영원이 떨어져 있지 않아 불안하지 않고
하늘과 땅의 통합이 나라는 믿음을 발견한다.
바로 영생을 사는 삶이다.

언제나 기뻐하고 어디서나 감사하고 누구나 통한다.
누구나 통하고 언제나 기뻐하며 어디서나 감사하는 삶은
거저 오는 것이 아니다.
산에 오르는 고독孤獨과 고통苦痛을 견딘 사람만이
알고 누릴 수 있는 고견高見이다.
삶의 부분 부분에 막혀 이리 부딪히고 저리 걸리던 인생이
그런 부분을 넘어 전체를 볼 수 있다.
막혔던 부분을 넘을 수 있으니 능수요
가로지른 계곡을 건널 수 있으니 능란이지 않은가.
능수능란이다.

산에 오르지 않고 산에 오르신 예수를
어떻게 만날 수 있겠는가.
눈을 뜨지 않고 입을 여신 예수를
어떻게 볼 수 있겠는가.
귀가 열리지 않았는데 예수의 가르침을
어떻게 듣겠는가.
산에 오를 수 있는 다리의 힘을 기르자.
독립이다.
예수의 입을 볼 수 있는 열린 눈을 갖자.
통일이다.
예수의 가르침을 들을 수 있는 들을 귀를 갖자.
자유다.

산은 독립이요, 통일이요, 자유다.
나도 독립이요, 통일이요, 자유다.

산은 산이다.
나는 나다.
예수께서 자기 산에 오르셨다.
나도 내 산에 올랐다.
예수께서 자기 입을 여셨다.
나도 내 입을 열었다.
예수께서 자기의 기쁜 소식을 가르치셨다.
나도 나의 기쁜 소식을 가르쳤다.
독립 만세다.

겨울나무

나무가 겨울을 나는 방법은 독특하다.
사람들이 겨울을 나기 위해서는 입고 걸치고 두를 때
나무는 오히려 다 벗는다.
잎도 벗고 열매도 벗고 다 벗는다.
그러고는 죽은 듯이 산다.
간소한 차림이다.
이것이 나무가 겨울을 나는 요령이다.
가진 것이 없으니 가볍다.
잃을 것이 없으니 편하다.
또 이 땅에 지난 가을에 씨앗을 남겼으니 여한도 없다.
그리고 무엇보다 겨울은 곧 끝나고 봄이 올 것이라는
소망과 믿음이 있다.

그 어떤 겨울이 온다 해도 결코 절망하지 않는 이유는
봄이 온다는 내일을 갖고 있기 때문이다.
내일을 오늘로 끌어 당겨 사는 것이 믿음이다.
한 겨울에도 봄이 있음을 믿고 사는 것이 진짜 삶이다.

나무는 나가 없어 나무다.
있다면 자연이다.
내가 사는 것이 아니다.
내 안에 자연이 살고 있다.
그래도 내가 나무로 사는 것은
나를 사랑하는 자연이 있음을 믿는 믿음이 있기 때문이다.
그래서 겨울이 오기 전 가을에는 준비를 한다.
죽기 전에 또 다른 나들을 만든다.
열매를 만들고 그 안에 자기 보다 더 튼튼한 씨앗을 남긴다.
그러고는 죽은 듯이 산다.
죽은 듯이 있는 것이 겨울을 나는 비결 중의 비결이다.
내가 어떻게 해 보려고 잎을 가지고 있거나 열매를 갖고 있으면
나무 전체가 죽고 만다.

나무는 나가 없다.
잎을 바람에 날리고 열매를 새들에게 내 놓는다.
나 없이 죽은 듯이 있는 나무만이 봄을 맞는다.
봄이 오면 새싹을 내고 여름이 오면 꽃을 피우고
가을에 또 열매를 맺는다.
살 때 살고 죽을 때 죽을 뿐이다.
나가 없기 때문에 가능하다.
나무들은 3번 확장하고 3번 수축한다고 한다

확장할 때 확장하고 자제할 때 자제할 줄 안다.
나가 없이 사는 것이 나무의 지혜다.

나무는 나를 내세우지 않는다.
봄은 봄대로 받아들이고 겨울은 겨울대로 받아들인다.
스스로 그러함에 맡긴다.
자연自然이다.
그 자연은 스스로 비롯함
자유自由를 낳는다.

자유는 자연을 더욱 자연 되게 한다.
자유와 자연. 나는 자유와 자연이다.
인생은 원래 자유와 자연이라는 것이 성현들의 가르침이다.
오늘은 3월 1일.
스스로 있음이니 스스로 살자는 것이 독립선언이다.
독립은 삶의 기본이다.
나는 원래 독립이다.
나무도 독립이요
나라도 독립이다.
독립처럼 자연스러운 것은 없다.
겨울바람을 맞고 우뚝 서 있는 다 벗은 홀로 선 나무가
점점 더 크게 다가온다.

김치

우리 한국 사람의 겨울 양식은 뭐니뭐니해도 김장 김치이다.
가을 추수가 끝났으니 김장만 하고 나면 월동준비는 OK다.
김장은 날씨가 얼어야 한다.
물이 얼고 바람이 얼고 땅이 얼어야 김장을 해도 제 맛이 난다.
된서리와 영하의 날씨를 잘 견디어 낸
얼알이 꽉 찬 배추라야 김장 김치 자격이 있다.
한마디로 얼시구다.

그렇게 얼은 땅, 얼은 바람 속에서 얼이 꽉 찬 배추라야 뽑혀
밭에서 집으로 들어올 수 있다.
얼빠진 배추는 그냥 들에 남고 만다.
집에 온 배추는 다듬어져 소금물에 푹 절인다.
살기등등殺氣騰騰한 배추는 소금물에 푹 담겨 있다가
하룻밤을 자고 나면 빳빳한 목은 숙이게 되고
에고의 허풍과 거드름은 쏙 빠져나가
겸손의 차분함과 무아집의 참 모습을 한다.
김치 맛의 비밀은 적당히 절이는데 있다.
너무 절이면 김치가 짜게 되고

그렇다고 잘 절여지지 않으면 맛이 싱겁고
끝내는 발효가 되지 않아 풋냄새가 난다.
절시구다.

얼이 차고 잘 절구어진 배추는 양념과 함께 버무려져
땅속에 묻은 단지 속에 들어간다.
적당한 압력과 온도 속에서 얼마간의 시간을 겪으면
그 단지 안에서는 엄청난 변화가 일어난다.
배추가 김치가 되는 변화, 발효다.
신비 중의 신비
지화자다.

추운 겨울에 따뜻한 아랫목에서 걸쳐먹던 김치맛
입맛이 살아나고 속이 시원하고 살맛이 난다.
정말 좋다.
배추가 김치가 되는 이 생명의 비밀
얼시구, 절시구, 지화자, 좋다.
삶의 신비와 오묘다.

발효된 김치에는 한 겨울을 행복하고 맛있게 나게 하는
빛과 힘이 있다.
얼이 차고 절구어져 변화되어 밥상에 오른 김치
변화된 색깔, 푹 익은 모습과 냄새, 양념과의 어울림

먹을 때 나는 소리와 맛을 충분히 느껴본다.
아하! 좋다.

예수는 12살에 예루살렘 성전에 올라가는 것으로
얼이 들기 시작하여
알이 꽉차게 된다.
요단강에서의 세례와 광야 시험 40일, 절시구다.
십자가에서 예수는 변하여 그리스도로 탄생한다.
지화자다.
결국 부활의 주가 된다. 좋다.
세례, 시험, 십자가, 부활
얼시구, 절시구, 지화자, 좋다.
예수는 푹 익은 김치다.
맛좋은 김치다.
올 겨울도 그 김치만 있다면 안심이다.

잠

잠은 하나님께서 주신 은총 중의 은총이다.
잠 없이 사는 것은 하나도 없다.
사람만이 자는 것이 아니다.
나무도 자고 풀도 자고 곤충들도 자고 동물들도 잔다.
잠 없이 성장할 수 있는 것은 없다.
인생의 3분의 1은 잠으로 산다.
잠을 자려면 일단 눈을 감아야 한다.
귀는 막아야 한다.
눈을 감고 귀를 막고 어디로 가는 것일까.
그동안 눈 뜨고 귀 열고 바깥으로 바깥으로 나아가다가
지친 영혼들을
우리 하나님께서는 쉬게 하신다.
그것이 잠이다.

눈이 아프고 머리가 무겁고 온 몸이 지쳐 있다해도
잠 한번이면 금방 눈이 시원해지고 머리가 맑아지고
온 몸에 생기가 돈다.

자궁 안에 있는 아이는 9달 동안 거의 24시간 내내 잠을 잔다.
줄 곧 잠을 자야 건강하지 그렇지 않고 깨어있으면
정상적으로 자랄 수가 없다고 한다.
갓 태어난 어린아이들도 계속 잠을 잔다.
23시간, 20시간. 똥싸고 젖 먹는 시간 빼면 계속 잠을 잔다.
자식을 낳을 정도로 성숙한 나이인 14세나 15세 쯤 되면
8시간 정도를 자게 된다.
50, 60세가 되면 거의 잠이 없어진다.
3, 4시간 밖에 잠을 자지 못한다.
그러다가 결국 죽고 만다.
몸이 더 이상 잠을 필요치 않기 때문이다.

잠자는 동안 어디를 가서 누구를 만나고 오는 것일까?
하늘에 가서 하나님을 만나고 오는 것이 아닐까.
안으로 안으로 들어가 무의식의 깊은 바다에서
하나님으로부터 에너지 충전을 받아오는 것이 잠이 아닐까.
시편 기자는 하나님께서 사랑하시는 사람에게
잠을 주신다고 한다.
고통 중의 고통은 잠을 못 자는 것이다.
40일을 굶어도 살지만 일주일만 잠을 자지 못하면
미쳐 버리거나 죽고 만다고 한다.
하나님께로부터 생기의 공급을 받지 못해서 오는

자연적인 결론이다.

잠 없이 깸 없고 깸 없이 잠이 있을 수 없다.
잠이 중한 것도 아니고 깸이 중한 것도 아니다.
깨기 위해서는 충분히 자야하고
또 다른 잠 속으로 들어가기 위해서는 확실히 깨어나야 한다.
잘 때 푹 자고 깰 때 분명히 깨어나는 것이
건강한 정신에 건강한 육체로 사는 것이다.
건강한 정신에 건강한 육체로 살자는 것이 영성생활이다.
깊은 잠 속에 있는 어린아이.
확연대공의 깸 속에 있는 늙은이.
그 사이를 사는 것이 나요, 인생이다.

여행

여행

여행은 떠남이다.
익숙해져 편안해 거의 잊고 살던
일상을 떠나 보는 것이다.
익숙해져 있다는 것은 길들여져
타성에 젖어 있다는 말일 수도 있다.
내가 결정하고 내가 선택할 수 있는 여지없이
어제의 습관에 따라 무의식중에 보고 듣고 행동한다.
진정한 삶이 아니다.
이럴 때 사람은 떠나고 싶어한다.

떠나는 것이 여행이다.
떠나서 낯선 곳에서 불편함을 스스로 겪어 보는 것이다.
낯선 곳에서 낯선 사람들과 얼마동안을 살다보면
그동안 익숙해져 놓치고 타성에 젖어 지나쳤던
고마움과 감사를 알아차리기 시작한다.
그래서 여행은 돌아오기 위해 떠나는 것이다.
그냥 떠나 낯선 곳을 평생 나니는 것은 방랑이요 방황이다.
참다운 여행은 다시 자기 일상으로 돌아와서

비로소 시작되는 것이다.
집을 떠나는 것이 십자가요
집으로 돌아오는 것이 부활이다.
돌아갈 집이 없고
돌아가도 만날 사람이 없다면
얼마나 허전하고 썰렁하겠는가.
지구별이라는 이 세상에 우리는 여행을 온 것이다.
왔으니 언젠가는 돌아가야 하지 않겠는가.
우리에게 돌아갈 집이 있고
돌아가 만날 아버지가 있음을 믿음을 통해 안다.
아! 얼마나 고맙고 감사한가.
돌아갈 내가 있고
돌아갈 집이 있고
돌아가 만날 사람이 있다는 것이 말이다.

여행은 관광觀光이 되어야 한다.
어떤 사람은 여행 중에 사진만 찍고 물건만 수집한다.
얼마나 많이 찍었는지
정작 돌아와서는
어디서 찍었는지를 모른다.
또 물건을 얼마나 많이 수집했는지 가방이 터질 것만 같다.
그것은 여행이기보다는 놀이요 사업이다.
여행은 낯선 곳에 가서

그곳에 있는 빛을 보는 관광이 되어야 한다.
그렇게 만난 빛을 통하여
익숙해져 놓쳤던 것들과 타성에 젖어 지나친 것들을 본다.
결국 내 안에 있는 빛을 보는 것이다.

여행은 내 생각을 넘어서서
또 다른 하늘을 만나는 것이다.
어떤 사람들은 지금껏 살던 고정된 잣대로
그곳에 사는 사람들의 삶을 이리 재고 저리 잰다.
아니 지금 살아가는 삶의 가치와 모양으로
그때에 살았던 사람들의 삶의 가치와 의미를 평가한다.
교만이다.
무지이다.
여행을 통해 자기 생각을 넘어서 보는 것이 아니라
오히려 생각을 강화할 뿐이다.
여행은 이해하고 공감하고 느끼는 것이다.
그렇게 살 수 밖에 없었던 그때
그 사람들의 마음이 되어
그 자리에 함께 시공간을 넘어
하나로 있어 보는 것이다.
그렇게 있어 볼 때 여행의 참맛은 일어나고
빛을 보는 관광觀光이 되는 것이다.
그리하여 여행은 나의 일상으로 돌아와

그 일상을 새롭게 할 때 완성되는 것이다.

새롭게 한다는 것은
그 무엇을 고치고 바꾸는 것도 포함하지만
그동안의 일상을 고맙고
감사함으로 만난다는 것이다.
여행은 익숙해져 무감각하게 마구 대하던
일상에게 사과하는 것이다.
낯선 곳에서 새롭게 만난 빛으로
일상을 거룩하게 하는 것이다.
일상을 거룩하게.

거울

남들이 좋은 사람이라고 하면
자기가 그때부터 좋은 사람인줄 안다.
남들이 자기를 나쁜 사람이라고 하면
그때부터 자기가 나쁜 사람이 되었다고
고민을 하고 고통을 겪는다.
다른 사람들이 자기를 고상하고 지적인 사람이라고 하면
그런 줄 알고 기뻐하고
다른 사람들이 치사하고 무식한 사람이라고 하면
또 그런 줄로 알고 화를 낸다.
이는 모두 나에 대한 다른 사람들의 생각이고 말이다.
그 사람들의 생각과 말을 듣고
정말 내가 그런 사람인줄 알고 한평생 산다고 생각해 보라.
끔찍하지 않은가.
이런 끔찍한 일이 아주 일상으로 받아들여지고 있다는 것이다.
다른 사람들이 나를 어떻게 알겠는가.
나를 아름답다거나 훌륭하다거나 조잡하다고 하면
내가 그런 사람이 되느냐 말이다.
또 그렇게 말하는 사람들을 조금만 주의 깊게 살펴보라.

자신도 누구인지 조차 모르는 사람들이지 않을까.
자신을 아는 사람들은 그렇게 말할 리가 없다.
그러면서 누구는 괜찮다고 말하고
누구는 괜찮지 않다고 말한다.
다 말이다.

지금 자신이 누구라고 알고 있는 것들이
이처럼 모두 다른 사람들의 생각이나 말의 종합이 아닐까.
내가 장길섭인가. 그것은 부모님이 붙여준 이름이다.
나를 훌륭한 영적 안내자라고 한다.
그것은 수련생들 몇 명이 한 말이다.
나를 아름다운 사람이라고 한다.
그것도 어떤 사람들이 나를 본 생각이다.
어떤이는 나를 못난 사람이라고 한다.
이도 또한 나의 어떤 행동에 대한 그 사람의 견해일 뿐이다.
이런 것들을 다 모으고 조금은 편집해서
자기를 누구라고 하고 그것으로 자기를 안다고 한다.

거울 앞에 서보면 아니다.
거울은 있는 그대로 비춘다.
거울 앞에 서면 다른 사람들의 말로가 아닌
그대로를 비춰준다.
거울 앞에 서보면 다른 사람들의 생각이 아닌

사실을 있는 그대로 비춘다.
허물을 감출 수가 없고 추한 것을 가릴 수가 없다.
그 어떤 생각과 말도, 거울 앞에서는 아니다.
그 거울 앞에서는 과거도 없다. 미래도 없다.
어제의 옷맵시를 볼 수가 없고
내일의 얼굴을 볼 수가 없다.
오직 지금 여기 뿐이다.
사람은 누구의 생각이나 말이나 견해를 통해서가 아닌
거울이라는 텅빔을 통해 자기를 보아야 한다.
텅빈 거울 앞에 선다는 것이
하나님 앞에 선다는 것이다.

세네카는 이런 말을 남겼다.
내가 세상에 다 알려져 세상 사람들이 나를 다 안다해도
내가 나를 모른다면 그것이 나에게 무슨 소용이란 말인가.
다른 사람들이 나를 알고 있다는 것은
다 그 사람들의 생각이고 느낌이고 말이다.
그런데 그런 것들을 모아서 그것이 자기인 줄 알고
한평생 살았다고 생각해보라. 얼마나 허망하겠는가.

거울로 보라.
거울은 현재를 비춘다.
하기야 거울 속에 있는 것도 그림자다.

거울 속의 거울

거울 없는 거울

이는 자기가 자기를 직접 보는 것이다.

직시直視다.

누구의 견해, 어떤 거울도 없이

자기를 자기가 직접보고 알면

그 다음부터 다른 사람들이 뭐라 하든 상관없이

자기를 살게 된다.

현존은 과거의 기억이나 미래의 기대로부터 자유하다.

현존은 지금 여기를 이곳에서 시방 사는 사람이다.

나는 원래 현존이다.

이것이 하나님의 아들로 사는 것이다.

맛

산다는 것은 맛을 본다는 것이다.
입맛이 있고 살맛이 있다.
입맛에는 단맛, 쓴맛, 매운맛, 짠맛, 신맛, 아린맛…….
하나님께서는 우리 사람에게 어떤 한가지 맛만
누리라고 하지 않고
달고, 쓰고, 시고, 짜고, 맵고, 싱겁고
떫고, 텁텁하고, 후끈하고, 고소하고
구수하고, 상큼하고, 화끈하고, 아리고 등등.
가지가지 맛들을 누릴 수 있게 해 주셨다.
이 여러 맛이 적당히 어울려 독특한 맛을 내어
입맛을 돋구고 몸을 살리고 생기로 충만케 해준다.
여러 가지 맛을 느낄 수 있다는 것
은총 중의 은총이 아닐까?

요즘 단맛과 고소한 맛만 좋아하고 쓴맛과 떫은맛을 먹지 않아
여자들이 출산하는데 힘을 쓰지 못하고
남자들은 참을성이 부족하다고 한다.
여름이라 더위를 먹어 입맛을 잃었다는 사람들을 본다.

입맛이 없으니 사는 재미까지 없다고 한다.
어린시절에 입맛을 잃었을 때
아주 쓴 익모초를 한 사발씩 먹었던 기억이 있다.
조상님네들의 슬기 중의 슬기다.
아주 쓴맛을 보아야
제 입맛이 제대로 돌아올 줄 알았던 것이다.

사는 맛인 살맛도 마찬가지다.
살맛이 없다고 한다.
살맛을 잃었다고 한다.
이럴 때 약은 하나다.
정말로 쓴약을 한 번 들이켜 마셔봐야 한다.
그 어떤 조미료도 타지 않은 쓰디쓴 약을 먹는 길이
인생의 살맛을 느끼게 하는 것이 하늘의 길이다.
예수가 낸 그리스도의 맛은
광야의 시련과 십자가라는 쓰디 쓴 약을 첨가제 하나 넣지 않고
그대로 들이킨 다음에 나온 맛이다.
이것은 인생의 원칙이다.
고통이라는 쓴맛
고난이라는 신맛들을 봐야
인생의 살맛을 그때서야 느낀다.
정신이 차려지고 얼이 차려진다.
말씀의 세계에서 보면 세상에는 맛없는 것이 하나도 없다.

단지 내가 그 본래의 맛을 못 느낄 뿐이고
또 어떤 맛만 느끼려는 편식 때문에 그런 것이다.

우선 자기 맛부터 느껴 보자.
자기 맛에 취해 자기 맛을 내는 사람
살맛 나는 사람이다.
살맛을 내니 그 사람을 서로 맛보려고 하지 않을까?

맛있는 사람
바로 멋있는 사람이다.
내 맛이 좋은 것이다.
그러나 내가 내 맛을 잃으면 무엇으로 내 맛을 내며
누가 내 맛을 찾아 주겠는가?
맛을 잃은 나는 땅에도 거름에도 쓸 데가 없어서
밖에 내버려진다.
들을 귀 있는 사람은 들어라.

쉼표와 마침표

나는 글을 쓸 때 어디에 쉼표를 찍느냐로 자주 고민 한다.
이 문장 다음에 쉼표를 찍어야 할 것도 같고
또 생각해 보면
쉼표 없이 글이 가도 될 것도 같을 때가 아주 많다.
수련을 안내할 때도 종종 만나는 풍경이 있다.
자기 이야기를 할 때
말을 쉬지 못하고 길게 이어가는 사람이 있다.
그러다가 한참 후에 한숨을 쉰다.
듣는 사람도 숨이 차고 답답하다.
어떤 이는 마침표를 해야 하는데 계속 접속사로 이어간다.
듣는 사람이 무엇을 말하려는지 대충 알지만 지루하다.
느낌표와 감탄사를 써야 할 때
쓰지 못하고 밋밋하게 말을 이어갈 때
참 그 이야기는 맛이 없다.
물음표를 정확하게 쓰지 못하고 말끝을 흐리는 사람이 있다.
이때 듣는 사람은 참 안타깝기 그지없다.

인생도 그러하리라.

쉬어야 하는데 쉬지 못하는 사람이 있다.
아무것도 안하는 것을 하는 것, 무위의 위無爲의 爲
이는 창조 중의 창조다.
그 무엇을 할 때만 무언가가 되고 기쁨이 있는 것은 아니다.
그 무엇도 하지 않고 가만히 숨과 함께 있을 때만이
만날 수 있는 세계도 있는 것이다.
들숨과 날숨을 가만히 지켜볼 때
내가 할 수 있는 것과 할 수 없는 것을 알아차리게 된다.
자기의 한계와 자기의 분수를 알게 된다.
사람은 모름지기 자기 한계와 분수를 알게 될 때
참 평안을 누릴 수 있다.

쉼표로만 문장과 말이 되는 것이 아니다.
마침표가 필요하다.
일단 한 문장과 말을 마쳐야 다음 문장과 말을 할 수 있다.
하던 일을 마칠 줄 알아야 한다.
관계 하는 관계를 일단 정지할 줄 알아야 한다.
그래야 새로운 일과 새로운 관계를 시작할 수 있는 법이다.
일과 관계를 딱 자르지 못하고
지루하고 무겁게 불평, 불만 속에
일과 관계를 이어가는 사람이 있다.
참 안타깝기 그지없다.
유아기를 마치지 못하여

성인이 되어서도 아이로 사는 사람을 본다.
시집을 가고 장가를 들었는데도
여전히 원가족 식구로 살려는 사람들을 본다.
마침표를 찍지 못해서 치러야 할 비용이 그 얼마이던가!
맡은 일을 마치지 못하고 이리저리 일을 펼쳐놓고
바쁘고 바쁘게 숨 한번 깊게 쉬지 못하고 뛰고 달리다가
숨이 차서 죽음으로 겨우 마침표를 찍는 사람을 본다.

쉬어야 할 적당한 곳에 쉼표가 찍히고
마쳐야 할 때 마침표가 찍힌 문장과 글은 시원시원하다.
그런 글은 읽기에 좋고 그런 사람은 보기에도 좋다.
의사전달이 잘 되어 분명하고 명료하다.
이런 삶은 참 시원하다.
삶은 어떠하던지 시원해야 한다.

화에너지를 창조에너지로

화는 불이다.
불은 활활 타야 불이다.
화는 하나님께서 우리 사람에게 준 에너지 중의 에너지다.
이 에너지를 어떻게 변화시키고 사용하느냐가 자기 삶이 된다.
어떤 이는 아무때나 이 에너지를 낭비한다.
아무데서나 불을 내면 화재가 된다.
화재는 집을 태우고 산을 태운다.
너도 죽고 나도 죽이는 것이 화재다.
그러나 불을 제대로 쓰면 어둠을 밝히는 빛이 되고
자동차를 움직이고 우주선을 달나라까지 쏘아 올리는 힘이 되고
쌀쌀맞은 쌀을 밥으로 만드는 생명이 된다.

화는 빛과 힘과 생명을 품고 있는 에너지다.
그대 안에 그렇게 있는 화에너지를 발견하지 못하고
어둠 속에서 그냥 묻어 두는 것도 제대로 사는 것이 아니다.
그런 사람을 보면 답답하기 그지 없다.
사람이 사람다울 때는 분노를 느낄 때다
사랑에 불이 타고

정의에 불이 타고
의리에 불이 타야 한다.
그때 사람은 영혼의 무게가 더해지고
영혼의 깊이가 더해진다.
십자가 없이 부활이 없듯이
분노 없이 평화가 없다.
포도가 끓어오르지 않으면 포도주가 되지 못한다.
쌀이 끓어오르지 않으면 밥이 되지 못한다.
구들이 데워지지 않으면 방은 따뜻해지지 않는다.

화를 접촉하지 않는 사람은
분노를 제대로 느껴보지 않은 사람은
맛을 잃은 소금이요 김빠진 맥주다.
조국에 대해서 분노를 느껴보지 못한 사람은
조국을 사랑한 적이 없는 사람이다.
한 여자에 대해서 분노를 느껴보지 못한 사람은
아직 남자가 못 된 것이다.
기성세대에 대해 분노를 느껴보지 않은 사람은 젊은이가 아니다.
기성종교에 대해 화가 나서
불이 붙어 활활 타오르지 않은 사람은
아직 참 종교인이 아니다.
불의에 대해 분노를 느끼고
가난에 대해 분노를 느끼고

교만한 힘에 대해 분노를 느낄 때
비로소 우리 안에 불이 붙는다.
이렇게 일어난 불을 창조에너지로 변화시키는 것이
내가 누리는 삶의 질이다.

자신의 무지에 대해 분노를 느끼고
자신의 게으름에 대해 분노를 느끼고
자신의 두려움에 분노를 느끼고
자신의 수치심에 분노를 느낄 때
그 사람은 불이 되어 활활 타서
그런 자신을 화로 다 태워서
빛으로 변화시키는 것이 삶의 연금술이다.
예수는 그리했다.
자기는 불을 지르러 온 불이라고.
그 불에 불이 되어 붙어서
빛으로 발하는 사람들이 있다.
화에너지를 창조에너지로 바꾸는 사람들이다.

하나

한 제자가 선생님 앞에서 정중히 묻는다.
"어떻게 살아야 정말 잘 사는 것이 되겠습니까?"
"그거야 쉽고 간단하지. 밥 먹을 때는 밥만 먹고
일할 때는 일만 하고, 놀 때는 놀기만 하고
잠잘 때는 잠만 자면 되지."
"선생님, 그것은 저희도 그렇게 하고 있지 않습니까?"
"아니지, 자네들은 밥 먹을 때 쉴 생각하고, 일할 때 놀 생각하고
놀 때는 일할 걱정하고, 잠잘 때는 꿈을 꾸지."
몸과 마음이 따로 따로 살고 있는 제자를 향한
선생님의 일침이다.

행복은 별 것 아니다.
몸과 마음이 하나될 때 느끼는 뇌의 작동 중의 하나다.
자기가 앉아 있으면서 앉아 있는 것을 모르고
걸으면서 걷고 있는 줄을 모르고
숨을 쉬면서 숨을 쉬는 줄을 모른다.
똥을 누면서도 자기가 똥을 누는지 모르고
생각에 생각을 한다.

자기가 화가 나 있는데 화가 나 있는 줄을 모르고
고마운데 고마운 것을 모른다.
대개는 몸 따로, 마음 따로다.
살아 있으나 죽은 것이다.
이는 죽음을 사는 것이다.
어쩌다 이렇게 되었을까.
비극이라면 비극이다.
자기가 똥을 누는데 그것을 자기가 모르고 있다니.
자기가 걷고 있는데 자기가 걷는 줄을 모른다니.
이것이 비극이 아니고 무엇이 비극이란 말인가.
몸 따로, 생각 따로
생각 따로, 느낌 따로
일 따로, 몸 따로
일 따로, 생각 따로…….
따로 따로다.

사람들은 신기하게도
기분 나빠지는 기술들을 참 많이도 갖고 있는데
기분 좋아지는 기술은 별로 없다는 것이다.
나는 이것을 깨닫고 참 많이도 놀랐었다.
몸 따로 마음 따로, 일 따로 마음 따로, 몸 따로 일 따로
속에서는 제아무리 노력해도 불행해질 수밖에 없다.
몸 따로 마음 따로에서 나오는 것이 갈등이다.

마음 따로 일 따로 속에서 나오는 것이 원망이다.
일 따로 몸 따로에서 나오는 것이 짜증이다.

갈등과 원망과 짜증을 넘어
조화와 감사와 기쁨을 사는 길은 하나다.
몸과 마음을 하나되게 하고
일과 마음을 하나되게 하고
몸과 일을 하나되게 하는 것뿐이다.
따로가 아닌 하나로 돌아가는 것이 삶의 법칙이다.

그 모든 것을 하나되게 하는 것이
들숨과 날숨인 호흡이고
그 호흡을 알아차리는 것이
행복으로 가는 지름길이다.
삶에 최고 비밀 중의 비밀이다.
들숨과 날숨을 알아차리면서 얼굴에 미소를 지을 때
몸과 마음이 하나가 되고
일과 마음이 하나가 되고
몸과 일이 하나가 된다.
그 하나됨에서 일어나는 것이 행복이다.

들숨에 하나
날숨에 둘

들숨에 지금
날숨에 여기
들숨에 지금 이 순간
날숨에 가장 아름다운 순간
몸과 마음을 하나로 하고
입가에는 미소를 머금고
삶의 예술가로 사는 모습이다.

숨결

모든 물질에는 결이 있다.
나무에는 나무 결이 있다.
그 결을 따라 대패질을 하고 그 나무를 다뤄야
결이 드러나고
그 나무만의 결이 드러나야 아름답다.
돌에도 결이 있다.
결을 따라 돌을 깨고 다듬어야지
그렇지 않으면 힘만 들고
결국은 돌을 망가뜨리고 만다.
어디 그 뿐이랴.

숨에도 결이 있다.
숨결이다.
사람은 숨결을 따라 살아야 한다.
들숨과 날숨.
그 사이를 알아차리는 것
들숨의 깊이와 날숨의 힘을 느껴보고 알아차리는 것
숨결을 따라 사는 것이다.

사람이 자기를 잃어버렸다는 것은
숨결을 잃어버렸다는 것이요
자기를 찾았다는 것은 들숨과 날숨
바로 숨의 결을 찾아
그 결을 따라 산다는 것이 아니고 무엇이겠는가.
사람이 화를 내고 걱정에 빠져 불만이 가득할 때를 보라.
숨결을 잃어버렸을 때다.
자기가 지금 들숨에 있는지 날숨에 있는지를 모른다.
또 안다 해도 옅은 들숨에 맥빠진 날숨이다.
반면에 자기가 무엇을 하고
자기 안에 무엇이 일어나고 있는지를 알아차리는 사람은
깨어있음의 명상 중에 있거나
사랑 속에 있는 사랑을 따라 사는 사람이다.
들숨과 날숨
그 사이의 여백을 놓치니
생각에 빠지고 느낌에 휘둘리게 된다.
숨결을 찾으면 나 있음을 알아차리고
일어나는 생각이나 느낌에 휘둘려 끌려 다니지 않는다.
그렇게 숨의 결을 알아차려
숨결을 따라 살면 마음결이 고와진다.

숨을 고르고 골라 숨결을 찾는 것이 기도다
마음을 닦고 닦아 마음결을 아름답게 하는 것이 영성생활이다.

기도생활과 영성생활은 둘이 아닌 하나이듯이
숨결과 마음결은 뗄래야 뗄 수 없는 관계다.
예수는 자기만의 숨결을 찾아
하늘 아버지 숨결과 맞추어 산 사람이다.
아버지와 하나된 숨결
그 숨결의 아름다움은 마음결로 나타난다.
예수 숨결과 마음결은 하늘 물결이 되어 흘러흘러
지금 우리의 가슴까지 흐르고 있다.

평생 자기의 들숨과 날숨 그 사이의 결인
숨결 한번 느껴보지 못하고 사는 것처럼
억울하고 멍청한 삶이 있을까.
온 천하를 다 얻고 수많은 사람이 나를 알아준다 해도
자기 숨의 결을 한번 알아차리지 못하고 모른 채 산다면
어디 그것이 살아있는 삶일 수 있을까.
들숨에 탄생이 있다.
날숨에 죽음이 있다.
그 들숨과 날숨의 사이
그 사이가 생명이다.
숨결을 느끼는 것은 생명을 느끼는 것이다.
생명을 느낄 수 있는 다른 길은 없다.
아버지께서는 지금도 우리 코에 자기의 생기를 불어넣고 계신다.
불어 넣어주시는 숨의 결, 숨결을 느껴보자.

숨의 결을.

그 숨의 결 속에서 처음사람 아담을, 아브라함을

모세를, 예수를, 단군을, 세종을, 붓다를…….

그동안 지구를 방문했던

모든 사람과 모든 나무와 모든 동물과 모든 곤충의 숨결을…….

그 숨결을 느껴 본 이는 알 것이다.

그리스도 안에서 모두가 하나임을.

그리고 하나님과 내가 하나임을 말이다.

이 숨의 결속에 나의 숨결을 알아차리고 사는 것

진정한 삶이요

은총이라 할 수밖에.

사다리

인간은 하나의 사다리다.
하늘과 땅을 잇는 사다리, 의식의 사다리다.
땅의 의식에서 하늘 의식에까지 이어지는 사다리요
영성지수 20의 수치심에서
영성지수 1,000의 빛에까지 연결되는 사다리이다.

인간은 자기가 자기를 창조해 가는 동물이다.
그 창조의 과정이 바로 삶이요, 일이다.
일을 통해 내가 나 되어가는 재미를 맛보게 된다.
최고로 재미있게 살자는 것이 믿음이요
최상의 맛을 내고 살자는 것이 영성생활이다.

가을 시골 농촌에서 이엉을 엮어서 지붕을 해일 때
한계단 한계단 올라가
지붕에서 보았던 집들과 동네 길들이 얼마나 신기했던지!
또 지붕위로 뻗은 감나무에 달린 빨간 감알을
내 손으로 직접 따서 먹던 그 신기함과 놀라움!
사람은 올라가게 되어있고

올라가는 것만큼이 그 사람의 됨됨이다.
야곱이 브엘세바에서 하란으로 향하여
돌베개를 베고 꿈속에서 보았다는
하나님의 사자가 오르락 내리락했다는 그 사다리
우리 인간들이 올라야 할 의식의 여러 차원을
상징하는 것이리라.
물질세계에서 정신세계로
형이하학에서 형이상학으로
보이는 차원에서 보이지 않는 차원으로 올라가는 사다리다.

선생님이 바로 사다리다.
그리스도는 너무 높은 사다리라서
지금 당장 어떻게 오를 수가 없다.
우선 가장 가까이 있는 보이는 선생님이라는 사다리부터
한걸음 한걸음 올라가 보자.
그리스도의 장성한 분량에까지 올라가
나와 하나님이 하나라는 임마누엘을 사실로서 경험하는 것
은총 중의 은총이 아닐까.

올라야 할 사다리를 오르지 않는데서 오는 것이
걱정이고 근심이다.
이 근심과 걱정을 넘는 비결은 하나, 그냥 오르는 것이다.
한걸음씩 한걸음씩 오르는 것이다.

여러 계단을 단번에 오르자는 것은 욕심이다.
한계단 한계단 침착하고 착실하게
내 호흡에 맞춰
내 걸음으로 올라가는 것뿐이다.
잘 오른다고 박수친다고 빨리 오를 필요가 없다.
못 오른다고 비난하는 소리에 마음 쓸 필요도 없다.
그렇게 올라야 할 사다리가 있지 않은가.
오를 수 있는 다리가 있고
잡을 수 있는 팔이 있지 않은가.
내가 나 되는 비결은 올라가는 길뿐이다.
내가 올라가면 교회가 올라가고
나라가 올라가고 인류가 올라간다.
예수가 하늘까지 오르니
너와 나, 우리도 하늘까지 오를 수 있는 길이 열린 것이다.
붓다나 예수는 쳐다보고 숭배해야 할 대상이 아니라
바로 우리가 올라야 할 사다리다.

생각

내가 육체를 입고 세상에 왔다는 것은
생각을 하고 생각을 만나 생각을 살러 왔다는 말이다.
우리는 한시도 생각을 떠나 살 수 없다.
인생을 산다는 말은 다른 말로 하면
생각을 어떻게 한다는 말이다.
생각은 하나님께서 우리 인간에게 주신 선물 중의 선물이다.
생각을 어떻게 다루느냐가 삶의 질이요 양이다.
나를 찾고, 나를 만나, 나를 사는 수단으로
하나님께서 주신 것이 생각이다.
생각 없이 나를 찾을 수 없고, 생각 없이 나를 살 수 없다.
삶을 산다는 것은 생각을 산다는 것이다.
어떤 사람은 생각을 잘 요리하여 맛있게 살고
마음대로 다루어 멋있게 산다.

삶의 멋과 맛은 다 생각에서 오는 것이다.
불국사의 섬세함과 석굴암의 아름다움은
신라인들의 생각에서 온 것이다.
피라미드의 웅장함은 이집트인들의 생각에서 온 것이다.

성경의 위대함과 예루살렘의 다양함은
유대인들의 생각에서 온 것이다.
전기는 에디슨의 생각에서 온 것이고
한글은 세종의 생각에서 온 것이다.

하나님께서는 자기의 사랑과 비밀을
인간의 생각을 통로 삼아서 전해주신다.
많은 이들이 보지 못하고
통로인 생각에 붙잡히고 수단인 생각에 끌려 다닌다.
생각을 요리하지 못하고 생각에 먹히고
생각을 다루지 못하여 생각의 노예로 평생을 산다.
생각을 섬기고 생각의 종이 되어
자기를 괴롭히고 이웃을 못살게 군다.
끝내는 생각에 이끌리어 싸우고 죽이기까지 한다.

깨어난다는 말은
생각의 껍질을 하나하나 벗고 나온다는 말이다.
생각은 의식의 차원에 따라서 나온다.
낮은 의식 차원에서는 질이 낮은 생각이 나오고
고급의 순수 의식차원에서는
고급의 깨끗하고 맑으며 살리는 생각이 나오는 법이다.
겹겹이 되어 있는 생각의 껍질을 하나하나 벗고 나와
순수 그리스도의식인 영성이 발현하도록 하자는 것이요

모든 성현들의 가르침이다.
아침에 일어나 제일 먼저 만나는 것이 생각이다.
또 잠자리에 들 때까지 함께 하는 것이 생각이다.
이 세상에 와서 돌아갈 때까지 함께 하는 것이 생각이다.
그러니 생각과 친하게 지내야 하지 않을까.
친하게 지내려면 생각을 존중해주고 생각의 성질을 알아
그에 알맞게 대하여야 하지 않을까.
그렇게 내가 먼저 생각과 좋은 친구가 되면
생각은 절대 배반하는 법이 없다.

내가 하고자 하는 일에 몇십 배, 몇백 배로
갚아주고 도와주는 것이 생각의 성질이다.
반대로 생각과 잘 사귀지 않고, 돌보아 주지도 않고
안부도 묻지 않고, 마구 대하면 생각도 나를 그렇게 대한다.
나를 망하게 하는데 엄청난 친구들까지 동원해서 가세를 한다.
생각과 잘 사귀어 보라.
생각과 좋은 친구가 되어 보라.
생각은 천사가 되어 나를 하늘문까지 데리고 가준다.
자기는 아무런 대가도 바라지 않고 사라진다.
그 생각이 끝나는 자리가 하늘이다.
생각은 우리를 하늘까지 데리고 가려고 오늘도 애쓰고 있다.

관광

돌아올 곳이 있어 떠나는 것이 여행이다.
돌아오지 않는 것은 방황이요
돌아오지 못하는 것은 방랑이다.
여행은 익숙한 것들을 떠나
낯선 곳에서 새로운 눈과 아름다운 귀를 갖고
돌아오는 것이다.
돌아와 새로워진 눈과 아름다운 귀로
내 집과 내 나라가 제일 좋고
내가 하는 일이 가장 알맞고
나와 함께 사는 가족과 친지와 동료가 참 귀한 것을 아는 것이다.

여행은 일단 떠남에서 시작한다.
떠나지 않고서는 여행이 되지 않는다.
떠난다는 것은 모험을 자초하는 것이다.
떠난다는 것은 불편을 스스로 겪겠다는 것이다.
불편과 모험을 감당할 용기 없이는 떠날 수 없고
떠나지 않고서는 여행은 이루어지지 않는다.
떠난다는 것은 그 무엇인가를 버려야 하고

그 누구인가를 잃어야 한다.
무슨 일이 벌어질지 모른다.

여행은 모험이다.
낯설고 모르는 것 투성이다.
길을 물어야 하고 음식맛을 물어야 하고 화장실을 물어야 한다.
그러니 여행은 불편하다.
여행은 이렇게 자신을 불편과 모험 속으로
스스로 집어넣는 자기 단련이다.
모험이라는 칼로 가지를 치고
불편이라는 돌로 모난 곳을 갈면 빛이 드러난다.
관광觀光이다.
여행은 이렇게 결국은 빛을 보는 관광이 되어야 한다.
이미 그곳에 드러난 빛을 보고
그 빛을 통해 내 안에 있는 빛을 보아야 한다.
여행이 단지 눈요기의 구경이 아닌 빛을 보는 관광이 될 때
여행은 기도가 되고 삶이 되고 성지순례가 되는 것이 아닐까.
어디나 거룩한 땅이요
누구나 거룩한 사람이요
언제나 거룩한 시간이다.

하나님께서 방황하고 방랑하는 모세를 붙잡으신다.
네가 선 땅이 거룩한 땅이니 그만 서라고 하신다.

그리고 돌아가 내 백성을 구해내라고 말씀하신다.
하나님께서는 모세에게 돌아갈 곳이 있음을 알려주신다.
삶은 여행이라는 것이다.
하나님께서는 모세에게 돌아가서 해야 할 일이 있음을
알려 주신다.
삶은 여행이요 관광이다.
삶은 여행을 통해 빛을 보는 것이다.
인생은 여기 나 없이 있음을 떠나
이곳 나 되어감의 세계로 나오고
이곳 나 되어감의 세계에서
다시 나 없이 있음으로 돌아가는 여행이다.
여행자는 어느 한곳에 멈추지 않고
그 무엇에 붙들리지 않는다.
돌아갈 때와 기한이 있음을 알고 있어
어느 한곳 더 보려고 하고
무슨 얘기 하나 더 들으려고 하고
그 무엇 하나 더 경험해 보려고 애를 쓴다.
이렇게 보고 듣고 경험함으로 안다.

내가 바로 빛이요
길이요
생명임을 말이다.
인생은 이렇게 '삶'이라는 여행을 통해

'나'라는 빛을 보는 것이다.

지구별 여행, 지구 나들이

우리 모두는 지금 지구별 여행을 통해

'이런 내가 참 좋구나'를 알 수 있는 기회를 맞고 있다.

이렇게 나를 알아 가는 것이 하나님을 알아 가는 것이다.

하나님을 알고 나를 아는 것이 영생이다.

우리는 지금 하나님이 주신 영생을 이미 살고 있다.

우리는 지금 지구 나들이, 지구별 여행중이다.

춤

태초에 춤이 있었다.
춤이 하나님과 함께 있었으니
춤이 곧 하나님이다.
삶은 춤이다.
눈을 뜨는 것도 춤이요
일어나는 것도 춤이다.
양치질하는 것도 춤이요
밥 먹는 것도 춤이고
똥을 누는 것도 춤이다.
걷는 것도 춤이요
서 있는 것도 춤이다.
축구도 춤이요
농구도 춤이다.
손놀림도 춤이요
발놀림도 춤이다.
어디 춤 아닌 것이 있으랴.

우리는 춤을 잃어 버렸다.

몸이 굳어 있고 얼굴은 뻣뻣해졌다.
굳은 몸과 뻣뻣한 얼굴로 자유를 논하며 해방을 외친다.
굳을 대로 굳은 몸과 얼굴을 하고 뻣뻣한 입만 겨우 벌려
하나님께 찬양을 한다고 한다.
슬픈 모습이다.
손뼉치기를 잃어버리고 춤을 잃어버린 예배와 삶은
매력 없는 예배요 재미없는 삶이다.
장구를 쳐도 춤을 추지 못한다.
곡을 하여도 함께 울지 못한다.
죽은 삶이다.

몸을 자유롭게 하는 진리가 진리다.
손과 발을 해방시키지 못하고
굳어진 얼굴과 근육을 풀어주지 못하는 진리는
반쪽이요 거짓이다.
몸이 굳은 것은 생각이 굳은 것이요
얼굴이 뻣뻣해진 것은 감정이 메마른 것이다.
수치심과 두려움
어색함에 마음이 묶이고
그 마음은 몸을 묶고 얼굴을 굳게 한다.
춤은 태초부터 하나님께서 우리 사람에게 주신
선물 중의 선물이다.
춤은 이렇게 굳은 몸을 풀게 하고 뻣뻣해진 얼굴을 펴게 한다.

몸이 풀리고 얼굴이 풀리면 감정도 풀리고 생각도 풀린다.
춤은 이렇게 꽁꽁 묶인 몸과 마음을 풀게 하여
몸과 마음을 하나되게 하는 힘이 있다.

춤은 신비다.
춤을 두려워하는 사람이 있다.
또 춤을 추지 못하게 하거나
춤은 나쁜 것이라고 정죄하는 사람들이 있다.
춤을 추면 변화가 일어나기 때문이다.
그렇다. 춤을 추면 변화가 일어난다.
춤 속에 변역의 성령님이 역사하고 있기 때문이다.
어머니 자궁 속에 있는 애기가 제일 좋아하는 것이
흔들어 주는 엄마의 춤이다.
시골노인들이 제일 좋아하는 것도
관광버스 안에서 추는 춤이다.
그렇게 춤을 추고 나면 아픈 관절도 며칠 동안은 괜찮다고 한다.

바깥 장단에 맞추어 만들어진 춤은 춤이 아니다.
춤은 내 안에 있는 장단과 가락을 찾아
몸을 통해 흐르는 것이다.
내 안에 나이고 싶은 생각과 느낌을
몸으로 말하는 언어다.
춤 속에는 춤추는 이의 슬픔이 있고 외로움이 있다.

다짐이 있고, 희망이 있고, 고백이 있고, 외침이 있다.
춤을 통해 나의 과거를 만나고
현재를 확인하며
미래를 전망한다.
춤 속에서 치유가 일어나고 회복이 이루어진다.

태초에 하나님께서는 춤을 추시면서 홍해를 가르셨다.
예수님께서 십자가를 지실 때도
바람으로, 구름으로, 햇빛으로, 달빛으로 춤을 추셨다.
예수님의 걸음과 제스처는 지구상에 나타난 하나님의 춤이었다.
오늘에 와서 그 하나님은 이제는 나를 통해
춤을 추고 싶어하신다.

춤으로 드리는 기도
춤으로 드리는 예배
춤으로 사는 일상

태초에 춤이 있었다.
춤이 나와 함께 있었다.
나는 곧 춤이다.

술

사람은 그 무엇엔가 취해야 산다.
취하지 못하고 맨숭맨숭한 체 평생을 사는 삶은
얼마나 맥 빠지고 고달픈 인생이 되겠는가.
명상에 취하거나, 돈에 취하거나, 권력에 취하거나
여자에 취하거나, 남자에 취하거나, 신에 취하거나
그 무엇에 취해 사는 것이 인생이다.
취하고 싶어하는 사람들을 가장 쉽게 취하게 하는 것이 술이다.
술은 알코올이다. 알코올은 불이다.
물로 된 몸속에 불을 넣는 것이다.
물과 불이 만났으니 그 얼마나 잘 타겠는가.
술이 일으킨 불은 오래 타지를 못한다.
금방 꺼지고 만다. 결국은 사람을 방탕하게 하고 만다.
스승들은 술 취하는 것을 금했다.
바깥에서 넣어 준 몇 잔의 술로 취하고 살기에는
사람이라는 존재는 너무 깊고
인생은 너무 거룩하기 때문이다.

사람은 누구나 바깥이 아닌 안에 이미 술을 갖고 있다.

안에 있는 술을 찾지 못해 허전하여 돌아다니다가
가장 쉽게 만나는 것이 바깥의 술이다.
술은 쉽게 만나 마실 수 있다.
술은 싼 값을 지불하고서도 취할 수 있다.
평생을 수련하면서 수억을 지불해야 올라가는 지수가
영성지수 500, 600이다.
이를 술로는 쉽고 빠르게
5, 6천원에 1시간 정도면 도달한다.
비정상적인 방법으로 쉽고 빠르게 도달했으니
대가를 지불해야 한다.
이런 취함은 금방 깨고 만다.
하지만 남는 것들이 있다.
다시 마시고 싶은 것이다.
결국은 술 없이 못 사는 술 중독이 되고 만다.
자연은 1쿼크도 낭비하지 않는 법이다.
콩 심은데 콩 나고 팥 심은데 팥이 난다.
심은 대로 거두는 것이다.

바깥에서 쉽게 마시고 취하는 그 취함은 싸구려다.
그런 취함은 신성을 도저히 느끼게 해주지 못하는 저질이다.
저질의 술을 마시는 사람은 저질의 삶을 살 수 밖에 없다.
우리 안에는 이미 진짜 술이 있다.
그 술을 마시는 법을 터득해야 하지 않을까.

그 술 마시는 법이 명상기술이다.

깨어나 살아가야한다.
하늘로부터 부여받은 자기만의 독특한 desire를 통해
떠올리는 취함.
자기 맛에 취해 살 때 물이었던 사람은
불이 되어 활활 타올라 자기를 다 사르게 된다.
우리는 사르러 왔다. 살러 왔다는 말이다.
삶에 취해보라.
자기 자신에 취해 보라.
자기 걸음에 취해보고 자기 호흡에 취해보라.
자기 일에 취해 다 불살라 보라.
이때 알게 될 것이다.
삶 자체가 술이 아니고
내가 바로 삶에 취하고 사람을 취하게 하는
진짜 술임을 말이다.

멀미

버스여행을 하다보면 어지럼증에 시달리는 사람들이 있다.
차멀미다.
비행기여행을 할 때도 어지럼증에 못 견뎌
아예 술을 마시거나 수면제를 먹고
그냥 잠에 떨어지는 사람도 있다.
비행기 멀미다.
어떤 사람이나 사건에 시달려
머리를 싸매고 누워 버리는 사람이 있는가 하면
편두통으로 시달려 잠을 못 이루고
두통약을 비타민처럼 먹는 사람도 있다.
사람멀미, 일멀미다.

왜 사람들은 멀미를 할까.
자동차나 비행기는 움직인다.
좌우로 상하로 변화한다.
그 변화에 따라 변화하지 못할 때 나타나는 것이
머리가 어지러움으로 반응을 한다.
그만 내리거나 아니면 변화에 잘 대처하라는 신호인 것이다.

사업이나 인간관계로 골치를 썩이는 사람도 마찬가지다.
변화에 따라 대처하지 못하고 있다는 은총의 한 신호이다.
목적지가 있으니 내릴 수도 없고
또 비행기나 자동차의 움직임에 따라 변화하지 못하고
사업을 벌여놓았느니 그냥 철수 할 수도 없고
이러지도 저러지도 못하는 그야말로 봉변逢變이다.

운전사가 차멀미했다는 말은 없다.
비행기 안에서 잠자는 사람이 멀미했다는 말도 없다.
왜일까?
운전사는 좌우회전을 할 때에 핸들을 조정하면서
차보다 조금 앞서 몸을 움직여 준다.
몸의 쏠림을 미리 방지한 것이다.
능변能變이다.
자고 있는 사람은 자동차나 비행기와 떨어져 있지 않다.
좌석과 하나가 되어 혼연일체다.
자기 생각이 없다.
자기 의도가 없다.
버스의 변화와 하나가 되어 있고
비행기의 움직임에 저항이 없다.
그래서 멀미를 하지 않는다.

이렇게 일체가 됨으로 봉변을 당할 일이 없다.

능변여상能變如常이다.
그래서 멀미를 하지 않는다.

바리새파 사람들이 현장에서 간음하다 잡힌 여인을 끌고 와서
당신은 어떻게 하겠느냐고 예수님께 묻는다.
'돌로 치지 말라'하면 현행법 위반이 되고
'치라' 하면 그동안의 자기 말이 거짓이 된다.
이러지도 저러지도 못하는 봉변이다.
예수는 너희 중에 죄 없는 사람이 있으면 돌을 던지라고 한다.
봉변逢變을 넘은 능변이다.
능변과 어울림으로 하나될 때에 멀미는 없다.
죽음은 인류가 겪고 있는 봉변이다.
죽음 앞에서 이러지도 저러지도 꼼짝 못하고 있을 때
예수께서는 죽음이 오기 전에 죽음으로써
사망권세의 봉변을 넘어
부활의 능변을 열어주신 분이다.
능변여상能變如常
변함으로써 변하지 않을 수 있다.

살았다는 것은 스스로 변할 수 있다는 말이다.
하나님께서는 스스로 변하지 못할 때는
어지럼증의 멀미를 주신다.
이렇게 멀미를 하면서도

자기생각, 자기자리, 자기시간을 고집하면

구토를 하게 되고

결국은 쓰러지게 하면서까지도 변화하게 하시는 것이

하나님의 사랑이요 섭리다.

더 이상 스스로 변하지 못할 때는

하나님께서는 죽음을 통해서라도

결국은 변화시키시는 분이다.

하나님은 변화의 근원이시다.

차멀미, 비행기멀미, 사람멀미, 일멀미…….

멀미는 주변 적응능력을 알게 해 주는 바로미터요

하나님께서 주시는 사랑의 경보시스템이다.

책

몸은 밥을 먹고 살고
생각은 생각을 먹고 산다.
어떤 음식을 먹느냐가 그 육체가 되듯이
어떤 생각을 하고 사느냐가 그 사람의 삶이 된다.
음식에는 질이 있다.
깨끗한 곳에서 자란 채소로
정성들여 정갈하게 만든 음식이 있는가 하면
어디서 났는지 누가 버렸는지도 모르는 싸구려 재료로
대충대충 해서 겨우 조미료로 맛을 내는 음식이 있다.
생각도 마찬가지다.
저급의 생각은 저급의 생각을 먹고
고급의 생각은 고급의 생각을 먹는다.
더 나은 생각, 더 새로운 생각, 더 영양가 있는 생각을
골라 먹을 줄 알아야 한다.
영혼을 살찌우는 그런 생각들이 들어있는 밥상이
바로 책이다.

책을 아예 읽지 않는 사람이 있다.

이는 교만하거나 무지하며 게으름의 산물이라 할 수 밖에 없다.
책을 통해 다른 사람의 생각을 들어보고
더 나은 생각을 취해 살아보는 것이
삶을 지혜롭게 사는 자세가 아닐까.
책을 읽기는 하는데 책에 갇힌 사람이 있다.
밥을 먹다가 밥에 체한 사람처럼 책을 읽다가
그만 책의 말과 글 속에 빠져 나오지 못하는 사람이다.
책을 읽다가 책을 읽는 자기를 잃어버린 병신같은 사람이다.
책을 읽고 여러 생각들을 만나는 것은
책 속에 나오는 그런 이론이나 생각들을 알기 위함만이 아니다.
책을 읽는 것은 결국은 나를 찾고 나를 만나기 위함이다.

이 세상 모든 책은 모두 내가 어떠함을 알려주는 책이다.
내가 누구이고 무엇을 해야 하며
어떤 삶을 살고 싶은지를 알려주는 신호들이다.
과학서적을 읽어야 한다.
이는 내 안에 오성이 있기 때문이다.
철학서적을 읽어야 한다.
이는 내 안에 이성이 있기 때문이다.
예술서적을 읽어야 한다.
이는 내 안에 감성이 있기 때문이다.
종교서적을 읽어야 한다.
이는 내 안에 영성이 있기 때문이다.

나는 오성과 이성과 감성과 영성으로 되어 있어
과학과 철학과 예술과 종교를 만나야 한다.
그래야 내가 되고 내가 사람인 것을 알게 된다.

내가 사람인 것을 아는 기쁨을 알려주는 책을 읽는 것
복된 삶이 아닐까.
책을 두루두루 읽자.
안중근 의사는 하루라도 책을 읽지 않으면
입안에 가시가 돋는다고 하지 않았던가.
책을 읽지만 책에 갇히지 말자.
그러려면 내가 책을 보는 것이 아니라
책이 나를 보게 해야 한다.
내가 책을 읽는 것이 아니라
책이 나를 읽게 해야 한다.
나는 그 책이 있기 전부터 있고
그 책보다 더 크기 때문이다.
모든 책은 나의 사건기록이다.
나의 사건들을 읽어 보여주려고
수많은 책들이 지금 기다리고 있다.

편지

편지는 인생이다.
편지 안에는 사람 사는 이야기가 다 들어있다.
안부를 묻는 인사가 있고 용서를 비는 간구가 있고
간절한 사랑의 고백이 있다.
회사간의 비밀이 있고 나라간의 협약이 있으며
종족간의 정략이 있다.
편지의 출생은 인류사가 시작되면서 함께 시작 했으리라.
처음에는 사람편에 말로
글을 발명하고 난 다음에는 글로 전했으리라.
우표가 생기고 배달부가 편지를 전하는 우편제도는
그 얼마나 획기적인 인간사의 변화였을까.

지금은 전자우편시대다.
우편배달부 없이 당사자끼리 직접 주고받는다.
쓰는 즉시 순식간에 전달된다.
요즘 아이들은 편지를 쓰지 않는다고 걱정들인데 그것이 아니다.
현대인들은 예전의 아날로그식의 편지는 아니지만
하루에도 수십통의 편지를 디지털 기계를 통해 주고 받고 있다.

편지지라는 것이 있었다.
편지는 꼭 거기에 써야만 했던 시절이다.
아주 꼼꼼히 사연을 적어 봉함을 해서
우체국에 가서 우표를 사서 붙이고
우체통에 넣고 나오던 시절의 정겨움이 간절하다.
무거운 가방을 메고 발로 한 집 한 집을 걸어서
문을 열고 편지를 전해주던 우편배달부 아저씨를
동네 어귀에서 기다리던 삼촌, 고모들의 모습이 눈에 선하다.
만약 이런 편지가 없었더라면
지금 우리가 사는 삶은 어떠했을까.
삭막하고 답답하고 우중충하지 않았을까.

초대교회 사도들은 편지를 통해서
흩어진 교회의 안부를 묻고 자기의 깨달음을 전했다.
편지를 받은 교회에서는 사도로부터 받은 그 편지가
바로 크리스천들의 삶의 원천이 되었고 지표가 되었다.
세월이 흐르자 성경이 되어 지금까지 우리가 읽고 있는 것이다.
바울 사도는 크리스천들을 그리스도의 편지라고 했다.
그리스도가 직접 쓴 서신이라는 말이다.
어디 크리스천들 뿐이랴.
이 세상에 나타난 모든 것들이 다
존재계가 이 현상세계에 부친 편지임이 틀림없다.

내가 누구일까?

나는 편지다.

너가 누구일까?

너도 편지다.

우리가 과연 누구일까?

우리는 편지다.

이 세상에 나타난 모두는

이 지구상에 전하는 메시지를 담은 편지다.

나무도 하나님이 쓰신 편지이고

풀도 하나님이 쓰신 편지다.

바람도 편지고 물도 편지다.

땅도, 하늘도, 무지개도, 구름도…….

다 그 분이 손수 쓰신 편지다.

자기에게 온 편지를 봉함된 봉투째로 그냥 두고 보는 사람은

모자란 사람이요 정신나간 사람이다.

편지는 열어서 읽어야 한다.

읽고 그 전하는 사람의 마음이 무엇인지를 알아야 한다.

그 편지 안에 어떤 기별이 있는지

어떤 부탁이 있는지를 알아야 한다.

그리고 답장을 해야한다.

감사로 답장을 쓰는 사람이 있다.

반면에 변명 내지는 불평으로, 핑계로 답장을 쓰는 사람이 있다.

답장의 내용이 바로 자기 삶이다.

우리는 그리스도의 편지요
존재계의 전자우편이다.
아니 하나님께서 손수 써서 보내신 편지다.
그 편지를 읽어내는 것이 나의 능력이고
답장하는 실력이 바로 내 삶의 양이고, 질이고, 모양이다.
나는 오늘도 하나님께서 나에게 쓰신 편지를 읽고 또 읽는다.
그리고 답장을 한다.

삶이라는 답장을.

차렷

초등학교에 들어가면 제일 먼저 배우는 것이 무엇일까.

차렷이다.

우리 모두가 차렷부터 배웠고 그것은 지금도 그렇다.

차렷이 되어야 '앞으로 나란히'가 되고

차렷이 되어야 '쉬어'도 된다.

차렷이 되어야 '주목'이 되고

차렷이 되어야 '앞으로 가'도 된다.

차렷은 배움의 기본중의 기본이다.

어른이 되어 군에 가서도 제일 먼저 배우는 것은 차렷이다.

차렷은 모든 훈련의 시작이고 군인 자세의 기본이다.

이리 뛰고 저리 뛰며 놀던 아이들을

배움의 자리로 들어오게 하는 첫 자리가 차렷이다.

각자 자기식대로 살던 청년들을 군인으로 만드는

첫 자세가 차렷이다.

차렷이 되어야 그 다음에 무엇을 할 수 있다.

차렷이 되지 않으면 모래 위에 성을 쌓는 격이라고나 할까.

우리는 차렷을 잃어버렸고 차렷을 할 줄을 모른다.

초등학교나 군에 가서 배우는 차렷은
바깥에서 오는 차렷이다.
차렷은 스스로 할 줄 알아야 한다.
먼저 몸을 스스로 차렷 할 줄 알아야한다.
스스로 조금도 움직이지 않고 눈동자도 흐리지 않고
얼어붙은 듯이 스스로 반듯이 똑바로 설 줄 알아야 한다.
물론 군인자세의 차렷이 아니니
이것은 누워서도 가능하고 앉아서도 가능하다.
운전 중에도 할 수 있고 식사 중에도 할 수가 있다.
언제든지 마음만 먹으면 스스로 차렷 할 줄 알아야 한다.
차렷을 하면 몸과 마음이 하나가 되고
바깥으로 나간 고삐 풀린 망아지처럼
이리저리 돌아다니던 마음이 금방 집에 들어온다.
그때 정신 차렷이 된다.

정신차렷!
다들 정신을 잃고 산다.
마음을 빼앗기고서도 그것을 모른채들 살고 있다.
무엇에 마음을 빼앗겼는지
언제 정신을 잃어버렸는지
왜 놓쳤는지 모른채
또 알려고도 하지 않고 산다.
마음이 상해 부패해가고 있는데도 치료할 생각이 없다.

마음이 암에 걸려 바위덩어리처럼 굳어 가고 있는데도
전혀 알아차리지 못하고 산다.
참 신기하다면 신기하고 뻔뻔하다면 참 뻔뻔하다 하겠다.
잃어버린 차렷을 찾자.
내가 스스로 언제든지 차렷만 하면 몸의 움직임이 어떤지
아주 구체적으로 알아차릴 수 있는 몸차렷을 찾자.
지금 숨이 들숨인지 날숨인지를 알아차리자.
지금 내딛는 걸음이 왼발을 내딛고 있는지
오른발을 내딛고 있는지를 알아차리자.
알아차리는 만큼이 삶이다.
내 눈이 닿는 그 점에 차렷을 해 보라.
내 귀가 닿는 그 소리에 차렷을 해 보라.
내 손이 닿는 그 지점에 차렷을 해 보라.
금방 정신이 차렷하고 나오는 것을 보게 될 것이고
이어서 기운도 차렷이 되어 힘이 솟고 빛이 발해진다.
삶이 쉬워진다.
간단해진다.

몸차렷! 정신차렷! 기운차렷!
차렷으로부터 시작해서 푹 쉬어로 끝나는 하루
아! 아름다운 날
아! 아름다운 인생

몸살

몸이 살려달라는 것이 몸살이다.
몸이 좀 살아야겠다는 것이다.
그동안 몸의 소리를 듣지 못하고 머리가 하자는 대로 하다가
이제 몸이 죽을 지경이 되어 더 이상 못살겠으니
좀 살려 달라는 아우성이 몸살이다.
들어가는 구멍은 있고
나가는 구멍이 없는 것이 병甁, bottle이다.
몸의 병病, disease도 마찬가지이다.
들어간 것이 나가고, 나갔으니 들어오는 것이 순환이다.
순환이 되어야 건강이다.

병이 났다는 것은 들어간 것은 있는데 나오지 않고
나갔는데 다시 새롭게 들어오지 못하는 것이 병이다.
변비로 고생하는 사람들을 본다.
들어간 것이 나오지 않는 것이다.
대변大便, 큰 평안이 되어야 하는데 불편을 넘어
고통이 된 것이다.
똥을 누는 사람이 있고 싸는 사람이 있다.

적당히 먹고 적당히 운동을 한 사람은 똥을 눈다.
그래서 아주 평안하다.
대편, 큰 평안, 대변大便이다.

너무 많이 먹거나 자기에게 맞지 않는 것을 먹으면
결국 똥은 싸게 된다.
똥을 싸는 인생으로 살수는 없지 않는가.
대변을 살피고 소변을 보아야 한다.
오줌의 색깔과 양과 세기를 자세히 보아야 한다.
그것을 보고 어제 내가 무엇을 먹고 무엇을 마셨는지
몸을 어떻게 대했는지 잘 보아야 한다.
물이 들어있는 병에서 그 물을 빼려면
병甁을 거꾸로 하거나 눕혀야 한다.
그래야 물이 빠진다.
물이 빠져야 다른 새로운 물을 넣을 수가 있다.
사람도 마찬가지다.
병이 나면 누워야 한다.
누워서 가만히 있어 몸을 쉬게 해 주어야 한다.
몸이 살려달라는 몸의 소리를 들어주어야 하고
몸의 상태를 봐 주어야 한다.
들어주고 보아주는 것이 사랑이다.
뼈 마디마디에서, 어깨에서, 머리에서
온몸 구석구석에서 살려달라는 소리들을 들어야 한다.

그 소리를 듣고 누워 며칠 동안 가만히 있어보면
뼈의 마디마디가 시원해지고 어깨가 가벼워지고
머리가 맑아진다.
신묘막측妙新漠側이다.
몸이 살아난 것이다.

몸은 보이는 영혼이고 마음은 보이지 않는 육체다.
몸 따로 마음 따로가 아니다.
몸은 성해야 하고 마음은 편해야 한다.
건강한 정신으로 건강한 육체를 살겠다는 것이 영성생활이다.
몸성히, 맘편히.
몸살은 앓아야 한다.
앓고, 앓고, 앓으면 알게된다.
그렇게 앓은 알음으로 사는 것이 알음다움이다.
겨울의 혹한을 앓은 자연만이 봄春이 있다.
겨울 없는 봄은 없다.
봄이 있다는 것은 겨울을 전제로 한 것이다.

봄見은 알음답다.
몸살은 너무 긴장해서 팽팽해진 몸과
너무 느슨해서 축 쳐진 마음을 조율하는
우주가 주는 선물이다.

모순의 통일

바다 속에 파도가 있는 것이 아니라
파도 속에 바다가 있다.
파도가 일어나는 것은 바다가 있다는 말이다.
즉 현실 속에 이상이 있다는 말이다.
이 말은 이곳 나 되어감 속에
여기 나 없이 있음이 있다는 말이다.
되어감과 있음, 있음과 되어감은 뗄래야 뗄 수가 없다.
바다 속에서 바다를 찾지 마라.
존재 속에서 존재를 찾지 마라.
현상 속에 존재가 있는 법이다.
하늘을 하늘에서 찾다가 삶을 방관하다가
인생을 놓치고 인격을 갖추지 못하는 이가 그 얼마이던가.

이상과 현실은 모순이다.
대립이다.
머리와 가슴은 모순이다.
영과 육은 모순이다.
이 모순과 대립을 어떻게 통일시킬 것인가.

모순의 자기 통일
이것이 삶이다.
대립을 넘어서는 것, 이것이 종교이다.

바다 따로 파도 따로가 아니다.
하늘 따로 땅 따로가 아니다.
머리 따로 가슴 따로가 아니다.
영 따로 육 따로가 아니다.
파도 속에 바다가 있고 땅 속에 하늘이 있고
머리 속에 가슴이 있으며 육 속에 영이 있다.
심성心誠이다.
심心따로 성誠따로가 아니다.
성誠속에 심心이 있다.
지성至誠이면 감천感天이다.
자기 할 일을 하지 않으면서
자유를 찾으려고 하는 이가 있다.
이곳에서 나 되어 가는 일을 하지 않으면서
하늘사람이니, 존재니, 영성생활이니 하는 말쟁이들이 있다.
그것은 무슨 미사여구를 늘어 놓아도 말이요 글일 뿐이다.
구호는 구호일 뿐이다.

삶은 자기가 직접 살 때만 경험되는 신비다.
예수 십자가는 예수 이외에는 아무도 모르고

그 누구도 알 수가 없다.

안다고 해도 그것은 자기식대로 아는 것이다.

베드로와 요한이 쓴 것은 예수 십자가를 표현한 말이다.

바울이 기록한 것은 그에 대한 해석이요 설명이다.

나의 삶을

다른 사람이 표현한 말이나

알 수도 없는 그 누구의 해석한 글에 따라

살 수 만은 없지 않은가.

내가 직접 나의 십자가를 져야

예수에게 일어났던 그 부활이

나에게도 나의 부활로 일어나야 하지 않겠는가.

영생,

Excellent Life는

하나님을 사랑하고 이웃을 사랑하라는

말이나 글이나 설교 속에 있지 않다.

하나님을 사랑하고 이웃을 사랑할 때만이

삶의 최고질의 영생을 알 수 있는 것이다.

파도 안에 바다가 있다.

파도 속에 들어가 파도를 넘고

파도를 타다보면

그 파도는 나를 바다 깊은 곳으로 데리고 갈 것이다.

현실 밖에서 이상을 찾지 마라.

현실 안에서 이상을 발견하는 것이
예수 삶의 핵심이다.
거기서 비로소 우리는 모순이
자기 안에서 통일되는 경험을 할 것이다.
파도와 바다는 따로 떨어져 있을 수 없음을 말이다.

이곳 나 되어감 속으로 들어가 보라.
나 되는데 열중해 보라.
결국은 바로 거기에서 나 여기 없이 있음을 만날 것이다.
현실과 이상이 하나 되고
현상과 존재가 하나 되며
땅과 하늘이 하나 되고
나와 하나님이 하나 되는 모순이
자기 안에서 통일되는 빛을 만날 것이다.

빛은 모순의 자기 통일이다.

유비쿼터스

메인 프레임 컴퓨터 시대가 있었다.
컴퓨터 한 대에 여러 명에서 수십 명까지 붙어
그 컴퓨터를 운영하는 시대다.
개인 컴퓨터, PC시대가 있었다.
컴퓨터 한 대에 한 사람만 있으면
그 컴퓨터를 작동 할 수 있는 시대다.
이제는 한 사람이 수십 개의 컴퓨터를 작동해주는 시대다.
유비쿼터스의 도래다.
유비쿼터스는 인간이 가진 고대로부터의 꿈이었다.
'어떻게 하면 시간, 공간, 인간을 초월해서 살 수 있을까?'라는
인간의 꿈이 있어 왔다.
그 꿈을 꾸는 꿈틀이 사람이요
그 꿈틀거림이 과학이요, 철학이요, 예술이요, 종교다.
언제, 어디서나, 누구와도 통하고 싶은 바램.
WWW.
World Wide Web이다 .
그 바램을 이루어주는 부처가 '비로자이나불'이다.
'바로자이나'라는 인도 말을 그리스 말로 하면 유비쿼터스.

이는 우리말로 '언제, 어디서나'이다.
중생들은 그 비로자이나불상 앞에서 빌고 빌며
절을 올려왔던 것이다.

어떻게 빌고 절하면서 시간과 공간과 인간을
초월할 수 있겠는가.
수만 개 달걀이 모여 수천 년이 지난다 해도
달걀을 그대로 두면 그냥 달걀이다.
시간에 갇혀 있고 공간에 갇혀 있다.
여기서 자기 시간과 자기 공간을 넘어서는 길은 하나다.
달걀이 깨어나서 병아리가 되는 것이다.
깨어나 병아리가 되면 볼 수 있는 눈이 열려
시간을 초월하고 걸어 다닐 수 있는 다리가 생겨
공간을 초월하고 날 수 있는 날개가 생겨 인간을 초월한다.
달걀의 유비쿼터스가 병아리다.

컴퓨터 한 대에 수십 명이 붙어야 하는
메인 프레임 컴퓨터 시대가 있었던 것처럼
성경 한 권에 수십, 수백, 수천 명이 매달려 있던
시대가 있었다.
그러나 루터에 의해 성경이 번역이 되고
구텐베르크의 인쇄술이 발전하여
한 사람이 한 권의 성경책을 가지게 되는

개인 성경시대를 맞이했다.
그것이 바로 종교개혁이고 르네상스다.
이는 인간의식의 엄청난 성장이다.
이제 그 성경을 제대로 읽고 해석하기 위해서는
성경에 수많은 책들이 붙어야 하는 시대가 온 것이다.
과학과 철학과 예술과 다른 종교의 눈으로 성경을 읽어야
제대로 성경을 해석할 수 있는 시대가 도래한 것이다.
성경의 유비쿼터스 시대다.

신라인들이 건축한 세계문화유산인 불국사도
유비쿼터스를 꿈꾼 사람들의 작품이다.
시간을 초월하여 '언제나'를 상징하는 석가탑이 있다.
무영탑이라고 한다.
무영이라는 말은 그림자가 없다는 말이다.
그림자가 없다는 말은 시간을 넘어서 '언제나'이다.
다보탑은 매란국죽梅蘭菊竹, 춘하추동春夏秋冬을 나타내는
4층 석탑이다.
바로 공간이다.
'어디서나'이다.
봄은 봄대로 좋고 가을은 가을대로 좋아 어디서나 좋다.
대웅전의 부처는 인간을 상징한다.
누구나가 깨달을 수 있다는 말이다.
'누구나' 다 부처, 깨달을 수 있다는 말이다.

'누구나' 다 하나님의 아들이라는 말이다.

바로 시간의 성부

공간의 성령

인간의 성자가 하나로 통합되어

언제, 어디서, 누구와도 어울려 하나 되어 사는 삶,

삼위가 일체되어 사는 삶

유비쿼터스로 사는 것이다.

사람은 이미 최고의 유비쿼터스다.

이것이 깨달은 큰 스승들의 가르침이었다.

나의 크리스마스

나의 크리스마스

12월 25일은 크리스마스 성탄절이다.
예수 그리스도의 생일이다.
그런데 정말 예수에게 생일이 있을까?
태어난 적이 있으면 죽어야 하는 법.
예수는 죽음이 실제로는 없다는 것을 부활을 통해
몸소 우리에게 보여 주신 분이다.
그렇다면 예수는
태어난적이 없고 있다면 지구에 온 적이 있다는 말이 된다.
그래서 낳다가 죽는 사람이 있고 왔다가 가는 사람이 있다.
그래서 죽었을 때 돌아가셨다고 하지 않던가.

예수에게 생일이 있을리가 만무다.
그러면 왜 12월 25일을 성탄절로 기리고 있을까?
많은 설이 있지만
어둠이 가장 긴 동지 다음 주일을 성탄절로 정한 것이
12월 25일이 되었다는 것이다. 그렇다.
어둠이 그치고 밝음이 시작되는 날, 바로 성탄이다.
2,000여년 전에 유대땅에 태어난

한 아기 생일을 아무리 기념해 보았자
그것이 오늘의 나와 무슨 상관이 있을까?

나의 크리스마스가 있어야 한다.
어머니를 통해서 온 나는 내가 아니라
내 자궁으로 난 나라야 진짜 나다.
어머니를 통해서 온 날은 방문일이고
진짜 생일은 내가 물로, 성령으로 거듭나
'다 이루었다'는 나있음 선언을 하는 날이
나의 진짜 생일이지 않을까?

4월 8일은 석가 탄일이다.
석가모니의 생일.
정말 석가의 생일이 있을 수 있을까?
4월 8일에는 불교인들의 염원이 깃들어 있다.
4통 8달, 4가지로 통하고 8가지에 도달하고 싶은 기원으로
4월 8일을 석가탄일로 기념하고 있을 것이다.

12월 25일은 예수님의 생일이 아니다.
우리 기독인 전부, 아니 우리 모든 인류의 꿈인
어둠을 끝내고 빛으로 살고 싶어하는 인간 본성을
발견하는 날이라 하겠다.
빛으로 오신 그리스도 예수가 나오는 날.

바로 내 안에 잉태되어 있는 신성을 낳아
이 땅에 정말의 나로 태어나는 날
그날이 거룩한 탄생, 성탄이지 않을까?

12월 25일 예수 그리스도만의 생일이 아니라
너의 생일이요, 나의 생일이다.
농민의 생일이요, 도시민의 생일이다.
노동자의 생일이요, 사용자의 생일이다.
불교인의 생일이요, 기독교인의 생일이다.
동양인의 생일이요, 서양인의 생일이다.
백색인의 생일이요, 흑색인의 생일이다.
자본주의자의 생일이요, 공산주의자의 생일이다.
남쪽의 생일이요, 북쪽의 생일이다.
크리마스는 단지 예수 그리스도만의 생일이 아닌
우리 모두의 생일인 것을 알 때
비로소 인류는 진정한 크리스마스를 맞게 되는 것이다.

하늘 씨앗

태초에 말씀이 있었다.
말씀이 하나님과 함께 있었으니
말씀이 곧 하나님이시다.

성서에서 가장 우스운 질문 하나를 고른다면
다음 말씀을 고르겠다.
'선생님, 우리는 선생님이 하나님께로 부터 오신 분임을 압니다.
하나님께서 함께 하지 않으시면, 선생님께서 하시는 그런 표적을
아무도 할 수 없기 때문입니다.' (요 3:1,2)
니고데모가 밤에 예수를 찾아와서 한 말이다.

나는 이 구절을 읽을 때마다
이런 코미디가 있나 하는 생각이 든다.
예수는 하늘에서 온 존재인 줄 알면서
니고데모 본인은 하늘에서 온 존재인 줄을
왜 몰랐을까하는 것이다.
얼마나 우스운 일인가.
더욱 우스운 것은 이런 일이

기독교 2,000여 년 동안 계속되고 있다는 것이다.

예수는 하나님의 아들이라고 믿으면서
정작 자기는 하나님의 아들인 것을 모른다.
예수의 신성은 연구하면서
자기 안에 있는 신성은 알아채지 못하고 있다.
자기가 하나님의 외아들임을 모르고
자신이 영적인 존재인 것을 모르는 것
죄라면 이것이 죄다.
자기가 누구이고 무엇이며 어디 있는 줄을
모르는 것보다 더 큰 죄가 어디 있겠는가.
요한은 하나님을 알고 자기를 아는 것을
영생이라고 했다.

사람은 떡으로만 사는 것이 아니라
하나님의 입으로 나오는 말씀으로 산다고 한다.
사람은 3차원의 육적 존재몸나만이 내가 아니라
4차원의 영적인 존재얼나가 진짜 나라는 것이다.

하나님께서는 사람을 자기 형상대로 지었다고 한다.
또 영원을 사모하는 마음을 주셨다고 한다.
바로 하늘씨앗을 우리 사람
가슴에 심었다는 말이다.

우리가 지구를 방문한 것은
하나님께서 가슴 가슴마다에 심어준
하늘씨앗을 심고 가꾸려고 온 것이다.
즉 하늘농사農天다.
하나님께서는 세상에서 정욕으로 인해
부패해 가는 그런 사람이 아니라
신의 성품에 참여하는 사람이 되게 하시려는 것이다.

하늘씨앗은
말씀의 온도, 찬송의 습도
기도의 압력을 통해
믿음의 싹을 내어
소망의 향기를 내고
사랑의 열매를 맺는다.

태초에 하늘씨앗이 있었다.
하늘씨앗은 늘 하나님과 함께 있었다.
하늘씨앗이 곧 하나님이시다.

1994년 3월 24일 오후 4시

육으로 난 것은 육이요, 영으로 난 것은 영이다.
그래서 어머니가 난 나는 내가 아니다.
달나라에 가려면 우주복이 필요하듯이
육은 지구라는 땅에 살기에 필요한 지구복이다.
사람들은 그날을 생일이라고 한다.
난 날이라는 것이다.
그것이 생일이라면 개도 생일이 있고
돼지도 생일이 있어야 한다.
따라서 그날은 지구를 방문 한 날이지 생일이 될 수가 없다.

그럼 진짜 생일은 뭘까?
어머니 자궁으로가 아닌 내 자궁으로 난 날이다.
어머니 배속에서 나오는 것이 아니라
물과 성령의 성태聖胎로부터 난 날이
진짜 생일이라면
생일이 아닐까.
아래로 부터가 아닌 위로부터 난 나가 나이지 않겠는가.
아래에서 난 것은 아래로 돌아간다.

위로부터 나야 생명이고 부활이고 빛이고 사랑이다.
나는 아래에서 온 존재가 아니다.
위에서 온 빛나는 존재요
힘있는 존재라는 말이다.
깨달으라는 말은 바로 이것을 사실로 깨달으라는 것이다.

내가 지구에 와서 할 일이 있다면
바로 이것을 깨치는 것이다.
이것이 본업이고 나머지는 다 부업이다.
그래서 예수님은 사람은 반드시 거듭나야 한다고 하셨다.
거듭난다는 것은 깨어나라는 것이다.
깨어나야 사람이지 깨지 못하면 사람이지만 사람이 아니다.
깬사람은 자기의 일을 알고 자기 일을 한다.
그 일은 아버지께서 주신다.
아니 아버지 일이니 아들인 나도 함께 하는 것이다.
그 일의 의미나 가치를 재지 않는다.
좋아서 하고 신나서 하고 미쳐서 한다.
왜 그 일을 하느냐고 물으면 일이 있어서 한다고 한다.
그 일을 하면 어떠냐고 물으면 신이 난다고 한다.
어떻게 하느냐고 하면 미쳐서 한다고 한다.
구원이라면 이것이 구원이요
영원한 생명을 사는 것이 있다면 이것이 아닐까.
반드시 깨어나는 자기 탄생이 있어야 한다.

마리아의 자궁에서 난 예수는 그리스도가 아니다.
물과 성령, 바로 하늘 자궁에서 난 예수가 그리스도다.
나도 마찬가지다.
어머니 자궁에서가 아닌 진리와 성령의 자궁
하늘로부터 난 나라야 진짜 나다.
그 탄생을 경험해야 하며 그 나를 보아야 한다.
또 그 일시를 기억해야 한다.
생일이 있다면 그 날이 아닐까.
그것은 사람만이 가질 수 있는 자기의 날이다.
기억해야 하는 것이 있다면 이것 하나.
1994년 3월 24일 오후 4시.
나는 그날 봤다.

내가 있어 온 것이 아니다.
오는 경험이 있어 내가 있는 것이다.

깬사람

사람은 뭐니뭐니해도 먼저 눈을 떠야 사람이다.
내가 누구인지를 알아야 한다.
내가 누구인지를 안다는 것은
내가 무엇을 하고 싶어 하는지를 잘 아는 것이다.
내가 무엇을 하고 싶은지를 아는 길은 하나다.
그것은 시방 내 느낌을 아는 것이다.
지금 내 느낌을 아는 것처럼 쉬운 것이 어디 있을까.
내 마음이 싫은지 좋은지, 기쁜지 슬픈지
피곤한지 고달픈지를 아는 것이다.
이것이 나를 아는 것이고 알아주는 것이다.
이렇게 알아주는 것이 사랑이다.

나는 사랑하고 싶어 하고, 사랑받고 싶은 존재다.
그런 욕망을 이미 갖고 있다.
우리는 그런 욕망을 실현하러 이 세상에 온 것이다.
그런데 사랑하고 싶고 사랑받고 싶다고 해서
사랑하게 되고 사랑받게 되는 것이 아니다.
눈을 떠야 한다.

눈을 떠야 사랑을 하고
눈을 떠야 사랑을 받을 수 있다.
눈을 뜬다는 것은 나를 안다는 것이다.
나를 안다는 것은 내가 무엇을 하고 싶은지를 아는 것이다.
자기 전공을 찾았다는 것이다.
자기 길을 찾았다는 것이다.
눈뜬 사람은 자기의 가야 할 길을 알고 그 길을 간다.
자기 길을 가다가 소나기를 만나면 처마 밑으로 피하고
어둔 밤을 만나면 주막집에 하룻밤을 머물렀다가
또 밝은 날 아침이 오면 자기 길을 간다.
길 가다가 동무를 만나면 술 한 잔에 이야기보따리를 풀고
허리끈이 풀어지도록 한바탕 춤판도 벌인다.

자기의 갈 길을 모르는 사람처럼
불쌍한 사람이 어디 있을까.
자기 할 일을 모르는 사람처럼
처량한 사람이 어디 있을까.
지금 자기 느낌을 모르는 사람처럼
멍청한 사람이 어디 있을까.
시방 자기 느낌부터 알아주자.
그것이 자기를 아는 것이고 사랑하는 길이다.
이렇게 사랑을 배운 사람은 자기가 하고 싶은 일을 알게 되고
다른 사람을 알아준다.

서로가 서로를 알아줄 때 서로는 눈을 뜨게 된다.
사람들은 베드로를 한낱 어부로 알고 있었다.
그러나 예수는 베드로를 사람들을 변화시킬 수 있는
삶의 예술가 내지는
변화경영전문가로 알아준다.
그 알아줌의 햇살에 베드로 자신도 스스로 눈을 뜬다.
자기가 무엇을 해야 하는지를 알게 된다.
예수를 한낱 나사렛의 한 청년이고
목수의 아들로만 알고 있을 때
예수는 스스로를 알기 시작한다.
나는 하나님의 아들로 하늘의 일을 하러 이 땅에 왔구나.
나는 지금 아버지 집에 있고
나를 보내신 이가 있고
보내신 분의 일을 하다가
그분께서 오라 하시면 간다는 것을 알았다.

눈을 떠서 나를 알고 하나님을 아는 것보다
인생에 더 소중한 것이 있을까.
이 세상에서 자기를 알고 자기 길을 가는 사람처럼
알음다운 사람이 어디 있을까.
나를 아는 눈을 떠야 사람이다.
하나님을 아는 눈을 떠야 사랑이다.
눈을 떠서 내가 사람이고 눈을 떠서

내가 사랑인 것을 알아야 한다.

이런 사람이 깬사람이다.

깬사람만이 만날 수 있는 세계가 봄이다.

지금은 봄이다.

나 있음은 생각이 아닌 생명의 약동

나를 찾느라 야단이다.

그런데 언제 나를 잃은 적이 있고

내가 나 아닌 적이 있었던가?

찾아봐도 나요 찾지 못해도 나다.

또 깨달아봐도 나요 그렇지 못해도 나다.

국회의원이 되어 봐도 나요 국회의원에 떨어져도 나다.

대통령이 되어도 나요 통반장이 되어도

나는 나 일 수밖에 없다.

그 무엇을 해서는 나 이상 그 무엇이 되어지지도 않고

될 수도 없다.

마찬가지로 나 이하의 무엇이 되어지지도 않고 될 수도 없다.

그런데 자아발견이니 잃은 나를 찾느니 야단이다.

나를 찾는다고 해서 그 나가 찾아지는 것이 아니다.

언제 내가 나를 잃은 적이 없기 때문이다.

여기 가서 기웃하고 저기 가서 기웃한다.

기웃해서 구경한 것들을 전부라고 또 허풍들을 떤다.

나를 찾는 것

깨어나는 것은 내가 할 수 있는 무엇이 아니다.
거듭남이란 나를 강요하거나 다그쳐서 되는 일이 아니다.
어쩌면 내가 하는 무엇을 멈추고 가만히 있을 때에
비로소 하늘로부터 오는 은총이다.
바울 사도도 구원은 행위에서 나는 것이 아니라
전적으로 하늘에서 오는 은혜라고 하지 않았던가!
지구를 방문해서 몸나를 입고있는 한은
나는 생각이 아닌 관계를 통해서 나의 나됨이 이루어진다.

나는 나이면서 내가 아닐 때 참나가 된다.
참나는 나이면서 내가 아니다.
산을 보면 산이 되고 나무를 보면 나무가 되고
물을 보면 물이 될 수 있는 나
산과 통하고 나무와 통하고 물과 통할 수 있는코이노니아koinonia 나가
바로 십자가에 못 박혀 이제는 너와 내가 사는 것이 아니라
나 안에 그리스도참나가 사는 세계다.
너와 통할 수 있는 나
우는 자와 같이 울고
웃는 자와 같이 웃을 수 있는 나
이웃을 내 몸같이 사랑할 수 있는 나가 진짜 나다.
나 있음으로 있는 나는 멈추어 있는 고정된 명사가 아니다.
고정된 정의나 개념이나 명제가 아니다.
나 있음으로 있는 나는 동사다.

모세가 하나님 앞에서 벗은 그 신발을
나도 매일매일 벗고 나아가는 것이다.
그것이 삶이다.
그래서 내가 사는 것이 아니라
오히려 그 삶이 나를 통해서
내 안에서 일어나도록 나를 비우고 나를 열고 나를 본다.
그때 비로소 생명의 약동을 느낀다.
이웃이 그립고 이웃과 나누고 이웃을 사랑할 때
삶은 신비와 은총으로 다가와 나를 더욱 나되게 해준다.
'여기 나 없이 있음'하고 생각으로 나를 갖고 있는
그야말로 착각 속에 있는 벗들을 만난다.
영적인 나태다.
나태는 자기를 살지 못하고 변명을 낳고 해석을 낳는다.
하늘나라는 이곳저곳이 아닌 너희 안에, 너희 사이에
즉 관계에 있다고 예수께서는 말씀하신다.
그 관계를 믿음으로 사는 사람을 성서는 의인義人이라고 한다.

나 없이 있음으로 있는 나는 깨달았다는 생각이 아니라
발견이다.
명사가 아니라 동사다.
각성이다.
관계다.
깨어 있음은 생명의 약동이다.

오월은 관계의 달이다.

부모와 관계, 자녀와 관계, 스승과 관계, 노사 관계 .

그래서 오월五月은 나吾되게 하는 오월吾月이다.

영성

하늘의 본성은 영광이다.
땅의 본성은 평화이고
사람의 본성은 기쁨이다.
이 본성을 잃은 것은 사람뿐이다.
잃어버린 사람의 본성을 회복하여
빛과 평화 속에 기쁘게 살자는 것이
종교요 영성생활이다.

사람의 본성은 기쁨.
기쁨은 누구와도 막히지 않고 무엇과도 걸리지 않는
靈영, Zero의 생활이다.
사람이 먹는 밥으로만 사는 것이 아니라
하나님의 입으로 나오는 말씀으로 산다는 말은
바로 사람은 육체가 아니라 정신이라는 말이다.
사람은 물질이 아니라 영이라는 말이다.
영적 존재라는 말이다.
식욕, 성욕, 수면욕처럼 영적 욕구는 사람의 본능이다.
어쩌면 가장 큰 본능이 바로 영성 추구다.

사람을 지을 때 하나님께서는
영원을 사모하는 마음을 본래 주었다는 말이 이 말이다.

자기가 영적 존재인 것을 아는 것을
예수께서는 거듭남이라고 하셨다.
예수님은 사람은 반드시 거듭나야 한다고 하셨다.
깨어나야 한다는 말이다.
어머니 자궁으로 난 나는 내가 아니라
내가 쓰는 육체다.
지구복이다.
내 자궁으로 난 나라야 진짜 나다.
그 나는 태어난 적이 없다.
그래서 죽음이 없다.
나는 부활이요, 생명이다.
아버지께로 가는 길은 하나다.
바로 내가 나되는 것이다.
내가 나되는 길 이외에 어떤 길로 아버지께로 가겠는가.

영성은 깨어남이다.
깨어나 내가 나 되는 것, 구원이다.
영성은 자기 생각에서 깨어나
자기 본성인 하늘을 회복하는 실제의 길이다.
영성 발견은 바로 그 사람의 독특한 소질과

재능을 발견하는 것이다.
지구별인 이 세상에 와서 소질과 재능인 달란트를
발견하고 계발하는 것보다 더 중요한 것은 없다.
그것이 영성수련이요, 하나님을 기쁘시게 하는 삶이다.
내가 하나님께 영광을 돌리고
이 땅에 평화를 만들며 사는 길은
내가 기쁘게 일하는 것이다.

하나님의 뜻은 쉽고 간단하다.
그것은 항상 기쁘게 살라는 것이다.
항상 기쁘고 쉽게 사는 길은 하나다.
그것은 소질을 찾고 재능을 계발하여 일을 통해
나의 나됨을 강처럼 흐르게 하고 꽃처럼 피어나게 하는 것이다.
이런 사람은 이미 이긴 사람이다.
싸워서 이기는 것이 아니라 싸우지 않고 이긴 것이다.
소질과 재능을 사는데 그 무엇이 두렵겠는가.
소질과 재능인 하나님의 은사를 살도록 하는 것이
영성생활이다.
영성생활은 사람의 본성인 기쁨을 사는 길이다.
오성에서 감성으로
감성에서 이성으로
이성에서 영성으로
영성생활은 최고질의 삶을 사는 것이다.

나타남

사람은 되어야 사람이다.
다 된 사람은 없다.
있다면 두 발 가진 동물이 있는 것뿐이다.
사람은 다 되어가고 있는 중이다.
그 두 발 가진 짐승이 손으로 무엇을 만들고
고개를 숙여 인사를 하고
무엇을 생각해서 말을 하고
말한 것을 정리해서 글을 쓰고
생각한 것을 느껴보고
느낀 것을 생각하면서
그림으로 그려보고
음악으로 표현해보고
집을 지어보고
또 그런 자기가 어디 있는지를 찾는 중에
과학이 생기고
철학이 생기고
종교가 생기고
문화가 생겨서

비로소 사람이 되는 것이다.

사람이 된다는 것은 사는 것이다.
산다는 것은 느낀 것을 곰곰이 생각해보고
그 생각한 것을 손과 발, 몸으로 행동하는 것이다.
해 보는 것이다.
행동하는 속에만 삶이 있다.
해보지 않는 한은 생각이다.
구원은 생각이나 교리 속에 있는 것이 아니다.
영생은 말과 글 속에 있지 않다.
구원이나 영생은 내가 직접 몸을 일으켜
지금 해볼 때 경험되는 불꽃이요 향기다.

여기 나 없이 있음과 이곳 나 되어감은
따로 있는 것이 아니다.
정말 아니다.
바다와 파도가 떨어질 수 없듯이
존재와 현상이 따로 있는 것이 아니라는 말이다.
존재는 현상으로 표현되고
현상은 존재가 있어 나타나는 것이다.
나타남.
다마스커스로 가는 길에 바울 앞에 예수가 나타났다.
엠마오로 가던 제자들 앞에 예수가 나타났다.

다시 고기 잡으러 간 베드로 앞에 예수가 나타났다.
현현顯現이다.
나타난 것이다.

삶은 있는 것이 아니라 나타남이다.
산으로 나타나고 물로 나타난 것이다.
봄으로 나타나고 가을로 나타난 것이다.
기쁨으로 나타나고 슬픔으로 나타난 것이다.
여자로 나타나고 남자로 나타난 것이다.
이 세상은 있다고 생각하는 생각으로만 있는 것이지
있음으로 있는 것은 아무 것도 없다.
다 나타난 것이다.
나도 이렇게 사람으로 있는 것이 아니라
나타난 것이다.

그럼 왜 나타났을까?
그것은 다 나되기 위해서다.
그럼 되는 길은 무엇인가?
그것은 사는 길뿐이다.
살 때 나의 길이 열리고
살 때 나의 진리가 발견되고
살 때 비로소 내 생명을 얻을 수 있는 것이다.
다른 길은 없다.

어떻게 영생을 얻을 수 있느냐는 한 율법학자의 물음에
예수는 알고 있는 것을 살 때라고 한다.
누가 나의 이웃이냐고 묻는 물음에는
네가 좋은 이웃이 되라고 한다.
살라는 말이다.
내 살을 내가 먹고 내 피를 내가 마실 때
비로소 나와 상관이 있는 것이다.
홍해는 생각해서 갈라진 것이 아니다.
여리고 성은 단지 기도해서 무너진 것이 아니다.
홍해는 발을 내 딛을 때 갈라졌고
여리고 성은 일곱 바퀴를 돌았을 때 무너졌다.

나는 없다.
단지 나타난 것뿐이다.
그 나타남을 보고 듣고 말하고 만나는 삶만이 있다.
그 삶을 통해 나는 오늘도 사람이 되어가고 있다.
이곳에서 있지 않고 이렇게 되어갈 수 있다는 것
그래서 진짜 사람한번 된다는 것
가슴이 떨리지 않은가.

반대의 은총

밤을 낮의 반대라고 한다.
죽음을 삶의 반대라고 한다.
미움을 사랑의 반대라고 한다.
여자를 남자의 반대라고 한다.
반대니 찬성이니 하는 것은
인간이 갖는 생각 세계 안의 말이다.
상대 세계를 넘어 절대 세계에서 보면
밤은 낮의 반대가 아니라
어울려 하루를 만드는 짝인 것이다.
낮이 낮이 되는 것은 밤이 있어서가 아닌가.
그런데 어떻게 반대라고 보는 것일까.
단편이요 편견이다.

죽음 없는 삶을 또한 상상해보라.
그 얼마나 지루하고 맛이 없겠는가.
삶이 삶이 되고 삶이 삶으로서 완성되는 것은 죽음이 있어서다.
죽음은 삶의 반대가 아니라 삶의 친구 중의 친구다.
미움 없는 사랑 또한 무슨 멋이 있겠으며 맛을 느끼겠는가.

사랑만 있다면 단맛만 있다는 말인데
쓴맛 없는 단맛이 무슨 맛이겠는가.

반대라고 생각했던 것들을
다시 들어보고 자세히 들여다보면
그 반대했던 사람이나 일들만큼
나를 나 되게 한 것이 없다.
바울이 바울이 될 수 있었던 것은
예수의 반대였기 때문이다.
예수를 그리스도 되게 한 것은
유다의 반대였기 때문이다.
죄가 많은 중에 은혜가 크다는 말도 이 말일 것이다.
반대 만큼 큰 은혜가 없다.
반대 만큼 깊고 맑은 거울이 없다.
반대하는 사람의 말은 들어볼 것이다.
반대하는 사람 앞에 서 보아야 할 것이다.

잘 들으면 이해가 일어나고
잘 보면 깨어남이 일어난다.
이것이 두렵고 떨림으로 이룬 구원을 이루어 가는 것이다.
그래서 이제는 반대자라고 해서 밀어내지 않고
찬성자라고 해서 끌어당기지 않는다.
하나님께서는 내 뜻에 따라 인도하시기도 하고

또한 내 뜻에 반해서도 인도하신다.

결국은 그분의 필요대로 하신다.

하나님께서 사랑하는자, 그 뜻대로 부르심을 입은자는

모든 것이 합력하여 선을 이루게 되어 있다.

하나님께서는 필요하셔서 나를 여성으로 혹은 남성으로

지구를 방문하게 했다.

내 여성성을 꽃 피움은 바로 남성성을 만남으로서이다.

여성과 남성은 반대가 아니다.

대립이 아니다. 상호보완이다.

남자는 여자를 만나고 여자는 남자를 만나야

즉 잇샤와 잇쉬여자와 남자가 만나야 온전한 아담이 된다.

반대니 찬성이니 하는 반쪽 세계를 넘어

화목제Peace Offering로 십자가로 죽으시어 막힌 담을 헐으신

예수의 화해와 일치의 삶

즉 영생이다.

산 종교

사람이 행복하게 사는 데는
두 가지 마음이 필요하다.
하나는 과학하는 마음이요
하나는 철학하는 마음이다.
그런데 두 마음 다 탐구하는 마음이다.
과학은 밖으로의 탐구요
철학은 안으로의 탐구다.
이 탐구하는 마음 없이 덮어 놓고 믿으니
맹종 내지는 미신이 되고 만다.

종교에서 철학이 나오고
철학에서 과학이 나와야
사람을 기쁘게 하고 세상을 평화롭게 하며
하나님께 영광을 드러내는 참 종교, 산 종교가 된다.
제대로 된 문을 통해 종교의 세계로 들어가야 하겠다.
산 종교는 과학과 철학의 문을 통해 들어갈 때에 가능하다.
그렇지 못할 때는 종교는 한날 미신이 되고 폭력이 되고 만다.
죽은 종교이다.

종교의 본질은 신에 대한 지식의 축적도 아니고
그렇다고 신학이나 교리를 수호하는 것도 아니다.
종교의 본질은 사람을 일깨워 고통에서 벗어나게 하는데 있다.
내가 하나님과 함께 하지 않아
이렇게 힘들고 어렵고 답답하게 살았구나 하고
자기 죄를 발견하는 것이고
그 발견 즉시 내가 바로 기쁨이고 행복이고
생명임을 알아차리는 것이다.
하나님과 하나인 임마누엘인 것을 느끼는 것이다.

깨달음이 없는 종교는 폭력이다.
세상에 종교의 폭력처럼 무서운 것은 없다.
사람을 심판하고 죽이는 데도 신의 이름으로 한다.
그래서 양심은 마비되고 인간성은 무시된다.
악마가 있다면 거짓말이요 살인이다.
신의 이름으로 행하지만 결국은 악마 짓을 하고 있는 것이다.

생각을 하게하고 탐구하는 마음을 갖게 하여
내 생각이 끝나는 자리까지 가면 드디어 하늘이 열린다.
아니 열린 하늘이 바로 나에게서 시작되는 것이다.
보시니 참 좋았다(창 1:31)한 놀라움과 감격과 감사가 터지는
그 세계를 듣고, 보고, 느끼게 된다.
생에 이런 근본 경험을 한번 하는 것

은총 중의 은총이 아닐까.

사람이 구원받는 것은 전적인 하나님의 은혜다.
그 은혜에 대한 인간의 믿음, 깨달음이 없으면
나에게는 아무런 상관이 없다.
그 하나님의 은혜가 지금 여기의 나와
구체적으로 상관이 되게 하는 빛과 힘이 믿음이다.
이때 믿음은 바라는 것의 실상이 되고
보지 못하는 것들의 증거가 된다.
실상과 증거를 갖고 살면 다 이긴 삶이다.

산 종교의 길은 싸워서 이기는 것이 아니다.
싸우지 않고 이기는 길이다.
예수 그리스도의 십자가야말로
싸우지 않고 이긴 산 종교의 실상이요 증거다.
예수는 산 사람이요
그리스도는 산 종교이다.

삼위일체

사람은 통해야 산다.
숨이 통해야 살고, 말이 통해야 살고, 기가 통해야 산다.
사는 것은 통하는 것이고 막히는 것은 죽는 것이다.
말이 막히고 마음이 막히면 그것은 살았다 하나 죽은 것이다.
어떤 사람은 돈에 막혀 목숨을 끊는다.
어떤 남자는 여자에 막혀 자포자기를 하고
어떤 여자는 남자에 막혀 삶이 괴롭다고 한다.
어떤 사람은 일에 막혀 죽을 지경이라고 하고
어떤 이는 자기 자신과 막혀 슬프고 외롭다고 한다.

막힌 관계를 뚫어 통하게 하자는 것이 길이요
막힌 세계를 열어 통하게 하자는 것이 진리요
막힌 숨을 통해 시원하게 살자는 것이 생명이지
그 무슨 길이 있고 어떤 진리가 있으며
그 어디에 생명이 있겠는가.
하수도가 막혔다가 뚫릴 때의 기쁨을 아는가.
돈줄이 막혔다가
그 어떤 손길을 통해 뚫릴 때의 시원함을 아는가.

길이 막혔다가 길이 뚫어졌을 때 소통되는 자유함을 아는가.
인간 관계에서 막혀 옴짝달싹 못하다가 관계가 뚫려
말이 통하고 마음이 통할 때의 맛을 아는가.
먹은 것이 체하여 답답해서 미칠 지경일 때
누군가가 손을 따주어서 체증이 내려갈 때 살맛을 아는가.

그렇다고 통하고 싶다는 마음 하나만으로
통하는 삶을 살수는 없다.
친구와 통하고 싶다면 친구를 찾아가야 한다.
선생님과 통하고 싶다면 선생님을 만나야 한다.
자연과 통하고 싶다면 자연과 친해져야 한다.
하나님과 통하고 싶다면 하나님과 하나가 되어야 한다.
먼저는 찾아야 한다.
찾아서 만나고, 만나서 듣고, 들어서 해보고
해 봐서 터치고, 터쳐서 깨치고
깨쳐서 통하고, 통하여 하나가 되는 것
그것이 사는 것이다.

내가 그리스도와 통하는 것이 십자가요
그리스도가 나와 통하는 것이 부활이다.
그리스도와 내가 통해서 하나되어 산다는 것이 내가 갈 길이요
깨칠 진리요 얻을 생명이다.
진리를 깨칠 때 마음이 깨어나고

생명을 얻을 때 몸이 깨어난다.
마음이 깨어 몸과 통하고
몸이 깨어나 마음과 통하는 것
몸과 마음이 통해서 하나로 사는 것이 건강이다.
건강하게 산다는 것이 아버지의 뜻이다.
건健은 빛이요 강强은 힘이다.
빛과 통하고 힘과 통하는 것이
바로 도Logos에 통하는 도통道通이 삶이다.

막혔다는 것은 통할 수 있음을 전제로 한 것이다.
막힘 앞에 좌절하고 원망하고 포기하고 사는 것은 삶이 아니다.
사는 것은 통하는 것이다.
하나님과 통하는 법인 신관을 갖자.
자연과 통하는 요령인 자연관을 갖자.
사람과 통하는 기술인 인생관을 갖자.
이 세계를 통하는 기술인 관觀을 갖고 산다면
막힐 것이 있을까?

사랑의 기술을 갖고 사람과 통하고
평화의 요령을 갖고 자연과 통하고
생명의 법을 갖고 신과 통하는 것이
그리스도로 사는 것이요 성령의 법으로 사는 것이다.
진짜 나로 사는 것이다.

왕으로 살라는 것이 하나님의 뜻이다.
그리스도로 살라는 것이 성령의 기도다.
나로 살라는 것이 예수그리스도의 가르침이다.
신이요 아버지이신 성부와 통하고
자연이요 어머니이신 성령과 통하고
사람이요 아들이신 성자와 통하고
통하고 살라는 것이 가르침 중의 가르침이요
원리 중의 원리이다.

머리는 진리로 통하고
가슴은 사랑으로 통하고
배는 생명으로 통하는 삶
이렇게 통해서 하나로 사는 삶
삼위일체로 사는 것이 인생이다.

성경

사람은 남의 얼굴은 볼 수 있는데
스스로 자기의 얼굴은 볼 수가 없게 되어 있다.
자기 얼굴을 보자고 만든 것이 거울이다.
그 어떤 동물들이 자기 얼굴을 보려고 거울을 본다고 하던가.
우리 사람만 거울을 본다.
사람은 거울을 보는 동물이라고나 할까?
그것도 하루에 몇 번씩 들여다보고
자기 모습을 만지고 고치고 다듬는다.
거울은 그렇게 바깥 얼굴만 보는 거울이 있는 것이 아니다.

얼의 울타리인 얼울을 보는 거울도 있다.
거울 중의 거울, 거룩한 거울, 聖鏡이다.
그렇다.
성경聖經은 거울이다.
책이 아니다. 성경은 읽는 것이 아니다.
보아야觀 한다.
읽는 글書에서 보는 경經으로 한 번은 넘어가야 한다.
보여질 때 성경이고 볼 때 하나님 말씀이지

그렇지 못하고
설교나 QT자료 신학 연구 대상으로 읽을 때까지는
여전히 한낱 문서요 책에 불과하다.
생명이 아니라는 말이다.
거울을 보는 것은 그 누구의 얼굴을 보자고 하는 것이 아니라
바로 내 얼굴을 보자고 보는 것이다.
성경도 마찬가지다.
바로 나의 참 모습을 보자고 보는 것이다.
우리가 성경을 연구하는 것도 마찬가지다.
그 안에 영원한 생명이 있다고 생각하고 또 믿기 때문에 읽는다.
그런 성경이 증언하는 것은 바로 나다(요 5:39).

그렇다. 바로 나를 증언하고 있는 책, 나의 나됨을
사실 있음 그대로 보여 주는 거울이 성경인 것이다.
선악과를 따먹고 에덴에서 쫓겨난 것이
아담이 아니라 바로 나다.
홍해를 건너 광야를 지나 40여년 만에 가나안 땅에 이르는 것도
이스라엘 백성들의 행적 기록서가 아니라
내가 가는 길의 여정이다.
성경 전체가 내 글이요 내 얘기라는 것이다.
성경은 내 책이요 내 거울이다.
나에 대한 얘기지 그 누구에 대한 설명도 기록도 아니다.
어떻게 이렇게 나를 잘 알고

내가 써야할 것들을 이렇게 잘 썼을까하고
보여지는 경험이 한번쯤은 있어야 하지 않을까?
성경은 모세가 쓴 책이 아니다.
바울이나 요한이 쓴 책은 더욱 아니다.
하나님께서 만드신 거울이다.
지금의 나를 보라고 그들을 통해 만들어 주신 참 거울이다.
그 거울에 비춰진 나의 모습을 볼 때의 놀람, 경이
생애 동안 이런 거울을 만나고
이런 거울 들여다보고 갖고 살게 된 것이
얼마나 축복인가
감격이요, 감사요, 감동이다.

교회

교회는 기쁜 곳이다.
배우고 익히고 깨달아서 기쁘고
가까이 또 멀리 있는 믿음의 벗들을 만나서 기쁘다.
그래서 기뻐 찬송을 하고, 기뻐 기도를 하고
기뻐 말씀을 듣고, 기뻐 헌금을 한다.
기뻐 손을 잡고, 기뻐 눈을 마주보고
기뻐 가슴이 열려 포옹을 한다.
걱정 근심에 쌓인 벗들이 위로를 받는다.
슬픔에 있던 벗들이 슬픔에서 벗어나고
원한에 있던 벗들이 원한에서 벗어난다.
길을 잃고 방황하던 벗들이 길을 찾고 반가워들 한다.

나에게 교회는 어머니다.
나의 실수, 허물, 거짓, 분노, 간사함…… 등등을
교회는 물어 보기도 전에
그냥 품어 주신 그야말로 어머니의 품이다.
나아가 교회는 나의 나된 것이
하나님의 은혜로구나를 알게 해준 자궁이다.

나에게는 어머니가 두 분이시다.
육신의 몸나를 만들어주신 어머니요
또 한 분은 부활이요 생명인 참나를 알게 해준 교회다.

그런데 그 교회가 더럽다고들 한다.
죽어 간다고 한다.
창녀가 다 되었다고들 한다.
그런 면도 없지 않으리라.
그러나 나는 나를 낳아주신 어머님이
설사 몸을 파는 창녀일을 했다해도
나는 그 어머니를 어떻게 정죄하거나 심판 할 수 없다.
버릴 수는 더욱 없는 법
세상이 버릴수록 오히려 나는 그런 어머니를 가까이 가서
보고 느끼고 감싸 안으리라.
세상이 뭐라 논하고 심판하든
나는 그런 어머니를 그럴수록 더욱 사랑할 것이다.

교회 사랑하기!
교회를 교회되게!
내가 처음 교회 개척할 때 테마였다.
하나의 세상 단체나 조직이 아닌 그리스도 몸으로의 회복
만민이 기도하는 집으로 환원
교회 본래의 신비를 찾고 느끼고 나누자는 것이

여전히 내 목회의 테마다.
나는 그런 교회의 본질과 신비를 찾는 길 중의 하나가
그리스도 영성의 회복으로 보고 수련회를 안내하고
오늘도 하늘 씨앗을 심고 있다.

교회
기쁘고 신나는 곳.
교회로 모이는날
기쁜 날.

passion에서 compassion으로

사랑을 하는 데 하는 둥 마는 둥 하는 사람이 있다.
일을 하는데도 일을 하는 것인지 안하는 것인지
건성건성인 사람이 있다.
이런 사람들을 우리는 싱거운 사람이라고 한다.
음식도 간이 맞아야 제 맛을 내듯이
사랑도 일도 간이 맞아야 한다.
소금이 제 맛을 잃으면 아무 쓸모가 없다.
사람이 차던지 덥던지하라고 하지 않았던가.
지구촌 사람들이 좋아하는 단어 중에 하나가 열정이라고 한다.
사람들은 모두 열정적으로 사랑하고 싶어하고
열정적으로 일하고 싶어한다.
또 열정적인 사람들을 좋아하고 찬양한다.

새들을 보라. 열정적으로 날고 있지 않은가.
들에 꽃들을 보라.
열정적으로 피고 지고 하지 않는가.
산을 보아도 열정이고
들을 보아도 열정이고

바다를 보아도 열정이다.

열정이라는 말은 하나님 안에 있다는 말이다.
내 생각 밖으로 나아갈 때 일어나는 것이 열정이다.
열정은 또 생각 밖으로 그 사람을 끌어내는 힘이다.
우리가 알고 있는 역사와 지금 살고 있는 세상은
열정적인 사람들이 만든 작품이다.
나도 그렇게 살고 싶었고 살았다.
열정적으로 일을 하고
열정적으로 사랑을 한 다음에 오는 허전함이 있었다.
지난 여름은 내내 수련회 안내로
가을은 집짓는 일로 열정에 열정으로 살았다.
뿌듯했다.
하지만 겨울바람과 함께
가슴 한켠에서 불어오는 찬바람을 느낄 수 있었다.
이게 무엇일까.
무엇을 가르치는 신호일까.
그렇다. 삶이 열정에서만 그칠 수가 없다는 신호다.
열정passion을 넘어 연민compassion으로.

예수께서 사신 삶은 분명 열정적이었다.
그분은 열정적으로 사랑했고 열정적으로 일을 하셨다.
바울도, 이순신도 열정적으로 산 사람들이다.

그분들의 삶을 조금 자세히 들여다보니
열정에서 그친 것이 아니지 않은가.
열정은 한편은 고통이다.
그 고통을 함께 할 때 연민compassion이 된다.
그들은 열정을 넘어 연민으로 살았던 것이었다.
연민!
연민을 잃은 열정은 운동선수나 연기하는 배우의 모습에서도
흔히 볼 수 있지 않던가.

열정을 넘어 연민으로 나아가야 하겠다.
내가 열정적으로 일을 할 때 옆에서 다친 이들이 떠오른다.
내 딴에는 열정적으로 사랑한 것이
무례를 범하게 되어 상처 받은 이들이 그려진다.
미안하고 죄송하다.
올 해에 내가 넘어가야 할 세계는 연민의 세계다.
자비의 바다다.
예수는 열정의 옅은 가슴을 넘어
연민의 깊은 가슴으로 사랑하고 일을 한 분이시다.
나도 올해는 열정의 옅은 바다를 지나
연민의 깊은 바다로 나아가고 싶다.
열정에서 연민으로.
passion에서 compassion으로.
이제야 내가 참 종교의 세계로 들어가는 것인가.

하비람habiram

일체가 하나님께로부터 와서 하나님께로 돌아간다.
즉 나에게서 떠나 나에게로 돌아오지 않는 것이 있을까?
그런 순환 속에 다들 갖고 있는 것이 있다.
그것은 신적 비밀이다.
모두가 하늘의 비밀을 갖고 이 땅에 온 것이다.

매미는 하나님께서 주신 매미의 비밀이 있다.
매미는 그 비밀을 잘 갖고 자연을 자연되게 하며
사람을 기쁘게 하고 있다.
감나무도 그렇다.
하나님께서는 태초에 감나무에게 준 비밀이 있다.
감나무는 그 비밀을 아주 신실하게 간직하고 보존하여
우리 사람에게는 기쁨을 주고 땅에는 평화를 만들고
하늘에는 영광이 되는 그런 생을 살고 있다.
하나님께서는 우리 각 사람에게도 그런 영적 비밀을 맡기셨다.
하나님의 형상과 모양대로 지음받았다는 것이
바로 하나님께서 주신 비밀이 있다는 말이 아닐까.
하나님께서 자기에게만 준 비밀이 무엇일까?

소질과 재능이다.
소질과 재능, 달란트를 발견하는 것이 견성見性이요
부단히 개발해 나아가는 것이 수도修道다.
자기 됨을 보는 것이 부활이요
그 자기에게 맡긴 일을 해나가는 것이 십자가의 도다.
바울 사도는 말하고 있다.
사람들로 하여금 우리를 마땅히 그리스도의 일꾼이요
하나님의 영적 비밀을 맡은 사람으로 여기게 하라(고전 4:1).
하나님의 비밀을 맡은 사람, 하비람이다.

사람은 다 하비람이다.
모두가 하나님께서 각자에게 주신 비밀들을 갖고
이 지구에 온 것이다.
그것이 바로 사명이요, 일이요, 전공이다.
그런 신탁의 비밀을 까마득하게 잊고 마구 함부로들 살고 있다.
세상 일에 눈이 팔리고 귀가 먹어
자기가 무슨 메시지를 갖고
지구에 왔는지를 모르고 있다는 것이다.
자기를 잃어버리고 산다는 말이다.
나가 아닌 너로 살고 있다는 말이다.
우리는 모두 왔으니 언젠가는 돌아가야 한다.
돌아가야 할 때는 보내신 이가 왜 보냈는지
정말 그 메시지 따라 살았는지 알고 가야 되지 않을까.

하나님께서 주신 영적 비밀을 깨닫는 것이
하비람 영성 수련의 핵심이다.
우리 주님 예수께서는
그 비밀을 깨닫고, 살고, 보여 주시고, 전하신 분이시다.
그리스도란 말이다.
그 비밀이 바울에게로, 어거스틴에게로
프란치스코에게로, 루터에게로…….
드디어 하비람영성수련을 통하여 나에게까지 전해지고 있다.
이것이 정말 신비라면 신비요
기적이라면 진정한 기적이지 않을까.

모든 사람은 다 하비람이다.
하늘의 비밀을 맡은 사람이다.
하늘이 내게 준 비밀이 무엇인가를 알고
그 비밀을 잘 전하면서 사는 것이
바로 나의 삶이다.

하늘나라

예수 믿으면 죽어서 천국에 간다고 한다.
부처를 믿으면 죽어서 극락에 간다고 한다.
이 말은 무슨 전설의 고향에서 나오는
수염 난 할아버지가 하는 말이 아니다.
21세기 교회와 성당과 절에서 일반적으로 통하는 진리다.
더욱 당혹스러운 것은 오늘날에도 의심없이 이런 말이
신도들에게 받아들여지고 있다는 사실이다.

하늘은 하늘에 있지 않다.
보이는 하늘은 하늘이 아니다.
그것은 창공이다. 빈 하늘이다.
하늘은 땅에 있고 사람 안에 있다.
하늘나라도 마찬가지다.
하늘나라는 은하수 건너편 어느 별에 세워진
그런 나라가 아니다.
하늘나라는 그 어떤 공간이 아니라는 말이다.
자유는 법 안에 있는 것이지 법 밖에 있는 것이 아니다.
플라톤은 현실을 떠난 그 어디에 이상이 있는 줄 알았다.

그러나 바울은 현실을 떠난 이상은 공상에 불과하다고 설교한다.

현실 안에서 이상을 찾는 종교, 이것이 기독교다.
그리스도인들은 이상을 현실화하려는 무모에서 벗어나
현실 속에서 이상을 찾는 순리의 길을 간다.
하늘에서 이루어진 뜻을 이 땅에서 이루자는 것이
예수의 기도요 삶이다.
내가 하늘나라로 가는 것이 아니라
하늘나라가 내게 오는 것이다.
천국은 언제나 가까이 와 있다.
천국은 가고 오고 하는 그런 나라가 아니다.
하늘나라는 이미 있음이다.

물고기가 물이 아닌 그 어디에서 온 것이 아니듯이
내가 하늘나라가 아닌 그 어디에서 온 것이 아니다.
물고기가 물을 떠나 살 수 없고 갈 수 없듯이
내가 하늘나라가 아닌 그 어디서 살 수 있는 것이 아니다.
물 안에서 소생하고 생멸하는 물고기처럼
우리는 이미 하늘나라에서 태어나 하늘나라에서 살고 있고
하늘나라 안으로 사라질 것이다.
이것은 사실이다. 진실이요, 진정이요, 진리다.

하나님 나라!

좋고 나쁘고, 아름답고 추하고, 태어나고 죽고 하는
모든 이원성이 사라지고 있음만 있는 나라.
사랑과 기쁨과 행복이 있는 나라.
그런 나라는 그 어디에 있는 것이 아니다.
바로 내 안에 있고 우리 사이에 있다.
하늘나라는 이곳에 있거나 저곳에 있는 것이 아니다.
하늘나라는 너희 안에 있다는 것이
예수의 설교요 크리스천의 삶이다.
그렇다. 하늘나라는 공간이 아니다.
내가 나라요 내가 하늘이다.
내가 하늘나라다.
하늘나라는 내 가슴에 있고 일 안에 있다.
내가 가슴을 떠나 있을 수 없듯이 하늘나라는 내 가슴속에 있다.
일 밖에 내가 있을 수 없듯이 하늘 나라도 일 안에 있다.
나의 가슴과 일 안에 있는 사랑과 기쁨
창조와 빛이
바로 그런 삶이 하늘나라다.

生을 生에서 찾으면 그것은 生이 아니다.
生은 死에서 찾아야 한다.
樂은 樂에서 찾으면 그것은 樂이 아니다.
樂은 苦안에 있다
그 어떤 무덤에서 찾는 부활은 부활이 아니다.

부활은 내가 죽는 십자가에서 찾아야 한다.
하늘나라는 하늘에 있는 것이 아니다.
하늘나라는 땅에 있고
일 속에 있고
내 안에 있고
우리 사이에 있다.
삶이 하늘이요
내가 하늘나라다.

눈뜨면 이리도 좋은 세상

초판 1쇄 발행 | 2013년 11월 10일

지은이　장길섭

펴낸곳　나마스테
발행인　김인호
주소　서울시 마포구 서교동 401-1 신현빌딩 5층
전화　322-3885(편집), 322-3575(마케팅부)
팩스　322-3858
E-mail　badabooks@gmail.com
홈페이지　www.badabooks.co.kr
출판등록일　1996년 5월 8일
등록번호　제 10-1288호

ISBN 978-89-5561-686-6 03810